AGNIESZKA FLORCZYK

MARGAUX REBOURS

L'ÉDITO

DE **JULIEN PERROT**, FONDATEUR DE LA SALAMANDRE

Merci les voyageuses

« Est-ce que cela ne vous arrive pas aussi quelquefois ? Une journée chahutée, des réunions qui s'enchaînent, une tête complètement saturée. Au moment de sortir du bureau, je ne suis plus qu'un zombie gris sous le brouillard, dans le halo blafard des lampadaires. Et là, j'ai un sursaut de vie. Plutôt que de m'engouffrer dans le bus pour coller mon nez à un écran hypnotique, je marche d'un bon pas jusqu'à la gare. Mais cela ne suffit pas à me réanimer. Dans le train, je m'effondre sur un siège et rentre dans ma bulle.

Par miracle, je ne rate pas mon arrêt. Je sors, marche le long du quai, impatient de retrouver les miens… quand tout à coup un cri étrange résonne au-dessus de moi. Je lève le nez vers le ciel, mais il n'y a rien d'autre à voir qu'une épaisse purée de pois. Pourtant, la trompette continue ses appels, complètement hors contexte. Il me faut quelques secondes pour comprendre que ce que j'entends là, ce sont des grues cendrées ! Des grues invisibles qui traversent le smog, des pendulaires elles aussi qui décrivent chaque automne et chaque printemps de grandes oscillations célestes.

C'est un homme ragaillardi qui arrive à la maison quelques instants plus tard. Car ce clin d'œil sauvage m'a offert un recul radical sur mes petits soucis du jour. J'imagine les grands oiseaux en *V* dans le ciel, les brumes qui les déroutent, les estomacs vides, l'urgence d'une escale aussi vite que possible.

Bon voyage, et merci les grues de m'avoir ainsi relié à la beauté du monde.

COULISSES DE LA RÉDAC

De l'Espagne à l'Ukraine, j'ai contacté des spécialistes des grues aux quatre coins de l'Europe. Ces personnes passionnées m'ont généreusement transmis quantité d'infos fraîches du terrain, parfois en proie à des contextes terribles. C'était touchant. J'espère que la lecture vous fera, comme moi, voyager avec les grues !

Sofia Matos
Auteure du dossier *L'appel des grues*

ELLIOTT BIGNELL / ALAMY

Taillé pour la biodiversité

Le bocage, historiquement dense en Bretagne, a fortement reculé à cause de la mécanisation agricole. Mais ses bienfaits écologiques incitent à le restaurer.

PAR **CAMILLE BELSOEUR** camille@salamandre.org

Les vaches armoricaines, à la robe rougeâtre et au poil épais, broutent à l'ombre d'une haie où se mêlent châtaigniers et chênes pédonculés. Tranquilles, les bovins ne se doutent pas que, comme le bocage qui les entoure, ils étaient voués à disparaître dans le grand tourbillon de la révolution agricole de l'après-guerre. Quand l'heure était à la simplification biologique et au remembrement. Heureusement, depuis une décennie, le nombre de femelles reproductrices de cette race locale ancienne remonte en flèche, tout comme la considération envers ce paysage d'antan qui bénéficie d'un vaste programme de renaturation.

« On replante pile-poil ce qui est détruit. »

Nous sommes sur les terres d'un exploitant en bio à Taden, à la sortie de Dinan, dans les Côtes-d'Armor. C'est Antonin Chapon qui nous fait visiter. Chargé de mission au sein de l'association Cœur Émeraude, c'est lui qui a convaincu l'éleveur de planter des haies supplémentaires. Devant nous, dans la clarté de cette matinée d'automne, de jeunes noisetiers, aubépines et chênes sessiles – plus résilients que leurs cousins pédonculés face aux sécheresses – se dressent sur un talus élevé à la perpendiculaire d'un champ. Les bienfaits apportés par ces plantations qui, mises bout à bout, forment le bocage sont cruciaux : retenir l'eau pour améliorer son infiltration dans le sol, prévenir l'érosion, protéger les cultures du vent, faire de l'ombre aux bêtes durant l'été et surtout favoriser la biodiversité. *« Cette nouvelle haie se connecte à un vieux talus, ce qui va permettre à la faune de mieux se déplacer »*, explique Antonin Chapon, qui gère le programme Reconnect, dont l'objectif est de restaurer des haies discontinues.

Muscardin en danger

Historiquement recouverte d'un bocage dense, la Bretagne a pourtant maltraité cette richesse. Entre les années 1960 et 1990, le paysage agricole de la région s'est transformé à marche forcée sous l'effet du remembrement. Les parcelles morcelées ont été rassemblées pour permettre la mécanisation des exploitations. Au milieu, les arbres en ont fait les frais. En France, 70 % du bocage, surtout présent dans l'Ouest du pays *(> carte)*, a disparu entre 1950 et aujourd'hui. Si leur rythme a ralenti, les défrichements se poursuivent. Entre 2017 et 2021, en moyenne, 23 571 km de linéaires arborés ont encore été rasés chaque année à l'échelle nationale.
Face à cet appauvrissement, la région Bretagne a lancé le programme Breizh Bocage en 2007. Objectif ?

Le muscardin hiberne dans un nid de feuilles mortes et brindilles aménagé proche du sol.

Retrouver le paysage de la première moitié du XXe siècle. Les efforts sont réels : environ 6 500 haies ont déjà été replantées par le biais de cette initiative financée en majorité par le Fonds européen agricole pour le développement rural. Sur les pans du territoire couvert par Breizh Bocage, le nombre de kilomètres de haies ne recule plus.

En longeant un bosquet taillé en ragosse, une pratique traditionnelle, Antonin Chapon nous parle d'un minuscule hôte de ces bois : le muscardin, très dépendant des corridors biologiques. *« C'est une espèce inféodée aux haies, notamment de noisetiers. Ce rongeur est strictement arboricole. Il ne descend au sol que pour traverser une route s'il n'a pas d'autre solution. Il vit, se nourrit et niche dans la végétation arbustive. Le bocage est un habitat parfait pour lui. »* Hélas pour ce micromammifère, la partie n'est pas encore gagnée. Si localement, le nombre de haies plantées compense les arrachages, le compte n'y est pas pour la biodiversité. *« On replante pile-poil ce qui est détruit,* révèle Émeline Halais de technicienne Breizh Bocage en Ille-et-Vilaine. *Mais les jeunes haies n'ont pas la même valeur écologique que les vieux bosquets. »*

Trouver les mots justes

Malgré les subventions, de nombreux agriculteurs hésitent toujours à dresser des cordons arborés ou, du moins, à ne pas arracher des bosquets séculaires. La raison principale ? Selon un rapport gouvernemental remis en 2023, ils ne savent pas comment entretenir cette trame verte et n'ont pas de temps à y consacrer. Planter une haie, c'est aussi perdre un peu de place pour cultiver céréales ou légumineuses. Sur le terrain, il faut donc trouver les mots justes pour convaincre un paysan. *« Je joue sur la corde sensible. Je rappelle aux exploitants le paysage bocager qu'ils ont connu pendant leur enfance, plutôt que d'arriver de front avec des arguments écologiques »*, admet Antonin Chapon. Un autre élément fait mouche : les branches issues des tailles des haies peuvent être revendues. *« Vanter la filière bois est une porte d'entrée intéressante pour que les gens plantent »*, approuve Émeline Halais. On touche du bois pour que les agriculteurs y trouvent leur compte.

Aller plus loin

Breizh Bocage 2

Le deuxième volet du programme Breizh Bocage s'est étendu de 2014 à 2020. Un bilan a été tiré des efforts déployés sur cette période pour convaincre les agriculteurs de replanter. Premier constat : sur les territoires couverts par le programme, le nombre de kilomètres de haies ne recule plus. Ce qui ne signifie pas que le paysage est resté le même. Des haies sont toujours arasées dans les parcelles agricoles, mais remplacées par des linéaires situés en bordure de route. Selon l'enquête *Haies 2020*, le principal point à améliorer concerne l'entretien des jeunes bosquets. Quelques années après leur plantation, 49 % des haies ne sont pas entretenues. Au total, davantage de haies disparaissent à cause d'un manque de taille que victimes d'arrachements. *« Ces constats peuvent s'expliquer par le manque de formation à l'entretien »*, selon les auteurs du rapport.

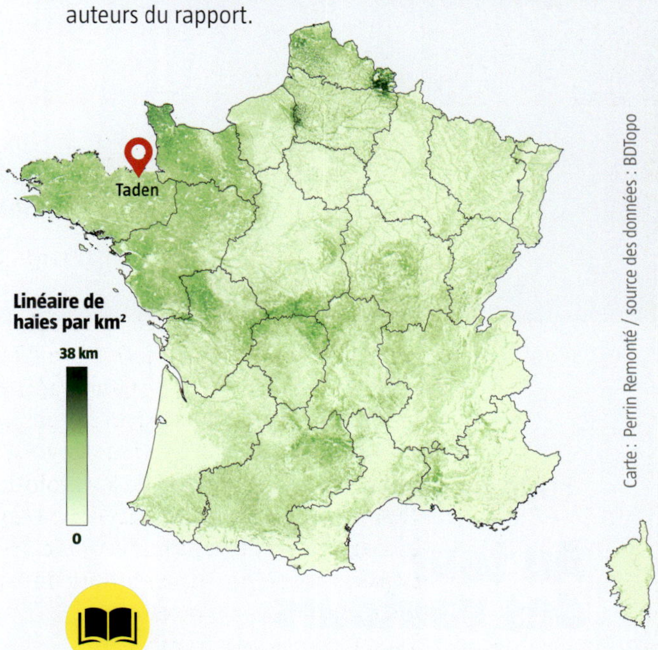

Carte : Perrin Remonté / source des données : BDTopo

Champs de bataille

L'histoire du remembrement, qui a changé le visage des campagnes françaises entre 1950 et 1980, est largement méconnue. La sortie récente de la BD enquête *Champs de bataille,* qui creuse le sujet, est donc salutaire. Au fil des pages, on y découvre notamment les soulèvements qui ont secoué la Bretagne, terre de bocages, lors de la mise en place autoritaire par les services de l'État des premiers plans de remembrement à la sortie de la Seconde Guerre mondiale.

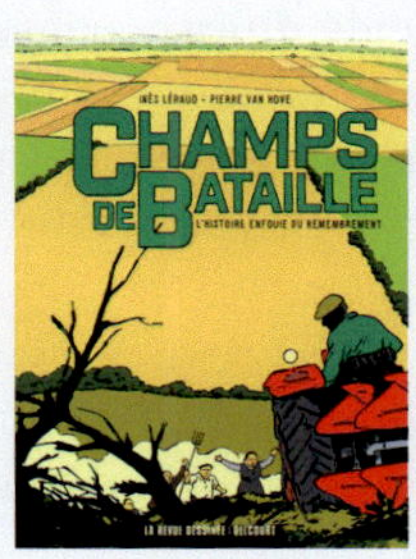

Inès Léraud et **Pierre Van Hove**,
éd La Revue Dessinée
Delcourt, 2024

THOMAS / STOCK.ADOBE.COM

ET ÇA MARCHE

Nage libre

L'interdiction de la pêche dans le golfe de Gascogne, entre le 22 janvier et le 20 février 2024, a réduit de 75 % les captures accidentelles hivernales de dauphins sur la zone. La mesure est reconduite cet hiver mais elle pourrait être remplacée après 2027 par des dispositifs d'effarouchement dont l'efficacité est débattue. Pour les ONG, rendre la pêche plus sélective serait une meilleure solution pour éviter la mort de 9 000 cétacés par an sur la côte atlantique française.

> bit.ly/4ftBL7j

LUKJONIS / STOCK.ADOBE.COM

COUP DE POUCE

Il est encore temps

Avant l'orage a été créé par l'activiste Camille Étienne et le réalisateur Solal Moisa. Le collectif souhaite susciter l'action face à la destruction du vivant. Pour pallier le traitement médiatique insuffisant des enjeux climat, biodiversité et justice sociale, Avant l'orage utilise les arts visuels comme miroir grossissant et comme moteur pour sortir de l'apathie. Vous souhaitez lutter contre les polluants éternels, interdire l'exploitation minière déraisonnée *(> Mine de rien)* ou encore poursuivre en justice les géants du pétrole ? Alors, n'hésitez pas à les soutenir.

> avantlorage.com/soutenir

COUP DE GRIFFE

Au tour des vautours

Malgré une consultation publique rejetant l'idée à 95 %, le préfet de l'Aveyron a autorisé, le 12 novembre dernier, l'effarouchement des vautours fauves dans 102 communes du département. Tout détenteur d'un permis de chasse ayant reçu une formation de l'Office français de la biodiversité (OFB) pourra éloigner les charognards à l'aide de cartouches non létales. Certains acteurs revendiquent cependant leur envie d'aller plus loin et de réguler le rapace, accusé de s'attaquer au cheptel vivant.

Un éclairage complet sur notre site :
> bit.ly/VautourAveyron

YANN LE BRIS

NICOLAS / STOCK.ADOBE.COM

ÇA BOUGE !

Mine de rien

La Norvège a renoncé à l'exploitation minière des eaux profondes de l'Arctique en 2025. L'an dernier, malgré la demande de moratoire des scientifiques *(> notre hors-série S+ n°3 « Eau »)*, le pays voulait accorder aux industriels le droit d'exploiter une zone de 280 000 m². Le besoin croissant et la raréfaction des ressources en minerais motivaient l'exploitation de ces grands fonds encore mal connus. Une victoire décrochée par la gauche norvégienne, les activistes internationaux, mais aussi par les pêcheurs et le Parlement européen. Le gouvernement norvégien a toutefois précisé qu'il s'agissait d'un report.

> bit.ly/interdictiondeepseamining

ÇA COMPTE

- 34 %

C'est la diminution des chutes de neige sur la chaîne des Alpes entre 1920 et 2020, selon une étude du centre de recherches Eurac, basé en Italie. Ce chiffre, plus fort en dessous de 2 000 m, atteint même - 50 % dans le sud-ouest des Alpes.

> bit.ly/41rCsKN

NOUVELLE VOIX

Julie Pasquet
Activiste pour la justice sociale et écologique.

« J'ai effectué ma bascule écologique durant mes études de sciences politiques et de commerce. J'ai alors pris conscience que le monde allait mal et qu'il fallait se mobiliser pour **changer les choses en s'engageant**.

Je fais partie de la génération Greta Thunberg. J'allais dans la rue et je faisais grève pour réclamer à l'État français et aux institutions **de vraies politiques en faveur du climat et de la biodiversité**. À la fin de mes études, j'ai refusé un emploi pérenne pour être **activiste.** Ce n'est pas un métier, mais c'est ce que j'ai souhaité faire. Je n'ai pas cherché un emploi salarié et je me suis alors mise à mon compte pour avoir le temps de militer.

Je donne également des cours dans des écoles et des institutions sur les enjeux de transition écologique et climatique. J'enseigne aussi **les façons de réinventer nos modèles vers une gouvernance partagée**.

J'ai créé une association dont je suis aujourd'hui salariée qui s'appelle Le bruit qui court. Elle a pour vocation de **rassembler les artistes et les activistes** pour mettre en mouvement les publics et parler autrement de ces sujets. C'est notre ADN : comment être animé par **la joie militante**, une émotion porteuse pour embarquer les gens.

Parole à la jeunesse qui s'engage avec conviction pour la connaissance et la protection du vivant, durant ses études, ses activités bénévoles ou au travail.

• Transmettez-nous vos témoignages à : redaction@salamandre.org

EN 10 LIGNES

COLOSSAL Le plus grand corail du monde a été découvert aux îles Salomon. Il mesure 34 m de large et 32 m de long. Âgé d'environ 300 ans, il est en bonne santé. National Geographic **BUTINEUR** Les meutes de loups d'Éthiopie se nourrissent de nectar. Le canidé le plus rare du monde a été observé plusieurs fois en train de lécher une espèce endémique d'asphodèle. Cette potentielle coévolution intrigue les scientifiques. Ecology **CHAPEAU** Dans le nord-ouest du Pacifique, une population d'orques se nourrit quasi exclusivement de saumons. Étrangeté comportementale, le 25 octobre 2024, un cétacé a été aperçu avec un saumon mort sur sa tête, tel un chapeau. Ce comportement avait déjà été observé avec une autre orque du même clan en 1987. Les spécialistes n'ont, à ce jour, pas d'explication. National Geographic **BRONZETTE** Un manchot empereur a débarqué sur une plage australienne en novembre dernier. Une première pour cette espèce endémique de l'Antarctique. Très amaigri, l'oiseau a été soigné avant d'être relâché. Cette espèce du royaume des glaces fait face à une forte hausse des températures autour du pôle Sud. Associated Press **SONARS** Les papillons de nuit peuvent entendre les ultrasons émis par des plantes déshydratées ou en état de stress. Cette perception extraordinaire leur permet de choisir sur quels végétaux pondre leurs œufs. eLife

6 FÉVRIER

Perce

Guettez l'une des rares fleurs hivernales dans le sous-bois ou au bord des haies. Le perce-neige se révèle entre fin janvier et la mi-mars. Notez les six pièces florales inégales, dont les trois du centre forment une étroite cloche pointée de vert. Ne le confondez pas avec la nivéole qui présente six tépales blancs de forme et taille identiques, tous pointés de vert clair.

YANN LE BRIS

22 FÉVRIER

Scie

Les parades battent leur plein chez les harles bièvres. Les lacs brillent de leur présence bigarrée, les rivières scintillent sous leurs envols puissants. Certains de ces *canards* piscivores au bec dentelé repartiront dans le Grand Nord. D'autres nicheront ici sur les eaux des régions périalpines.

MARCO PREZIOSI

11 MARS

Hache

Le plus gros rongeur d'Europe a recolonisé la plupart de ses anciennes contrées. Si rencontrer le castor reste un défi, partir sur ses traces est facile et passionnant. Profitez de l'absence de feuillage dense pour arpenter les rives. Arbres abattus, baguettes rongées, terriers et autres indices vous attendent. Bonne enquête !

MARCO PREZIOSI

BERND SCHMIDT / ALAMY

PROPOS RECUEILLIS PAR **THÉO TZÉLÉPOGLOU** theo@salamandre.org

Pourquoi certains arbres débourrent-ils avant la fin de l'hiver ?

▪ **LA RÉPONSE DE Yves Caraglio**
Botaniste à l'unité mixte de recherche botanique et bio-informatique de l'architecture des plantes (AMAP), à Montpellier.

▪ C'est pour partie le fruit d'une longue histoire évolutive des différentes espèces et de leur origine biogéographique. Chacune trouvant sa place dans les différents écosystèmes et dans le calendrier saisonnier. Profiter avant les autres de la lumière grandissante avant que le feuillage ne se généralise peut être un avantage. Ou, par exemple, synchroniser son réveil avec l'émergence d'un pollinisateur particulier. Mais il y a aussi des risques. Lorsque le débourrement a lieu, l'étalement des feuilles commence et la circulation de la sève redémarre. Et comme les bourgeons protègent les ébauches foliaires du froid, si l'hiver n'a pas dit son dernier mot, les pièces florales et les jeunes pousses peuvent geler.

Comment réagit la plante à cet aléa ?

▪ Elle doit mobiliser des cellules souches constitutives du méristème* pour remplacer les parties touchées par le froid. Si ces perturbations se répètent,

Bourgeons et inflorescences de saule, un arbre au débourrement précoce.

elles vont induire une consommation énergétique qui peut épuiser le spécimen. Dans certaines régions, des espèces comme les chênes font naturellement plusieurs pousses sur une saison. Elles sont donc moins pénalisées par ces variations de température. Elles souffrent en revanche davantage du manque d'eau et des sécheresses. Les effets du réchauffement climatique concernent aussi la production fruitière, puisque les débourrements précoces restent à la merci d'un coup de gel jusqu'en mai.

Comment le végétal s'adapte-t-il à ces variations ?

▪ Dans une population, il y a une variabilité qui permet de compenser ces effets. Les individus qui résistent mieux aux perturbations sont sélectionnés. Mais les arbres ont un cycle de vie et un laps de temps entre deux générations plus longs que ceux d'une mouche par exemple, donc ce filtre génétique prend du temps. Les gels ne sont toutefois pas systématiques chaque année, les individus précoces se reproduisent et subsistent dès lors aussi dans la population.

À quelle période les bourgeons sont-ils formés ?

▪ La plupart des plantes les préfabriquent à la fin de l'été lorsque la photosynthèse procure une grande source d'énergie. Au tout début du printemps suivant, initier la croissance des feuilles et les étaler demandera beaucoup d'énergie et une conduction hydrique à partir d'eau interne. La fabrication anticipée permet ainsi aux végétaux d'économiser leurs ressources à cette saison primordiale. Cela dit, durant l'hiver, même s'il est en dormance, le bourgeon mature lentement et grossit, car il se produit quand même des divisions cellulaires à bas bruit.

***Méristème** *nom m.*

Ensemble de cellules végétales embryonnaires qui se divisent et assurent la croissance de la plante. Elles se différencient pour fabriquer des tissus et des organes tels que les tiges, racines, feuilles ou fleurs par exemple. Ces cellules pluripotentes, équivalentes à nos cellules souches, permettent à la plante de grandir toute sa vie et de pallier une perturbation dans sa croissance.

Abeille à fourrure

À l'inverse des autres abeilles, très dépendantes de la température environnante, les bourdons sont capables de produire leur propre chaleur corporelle. Ils stimulent les muscles de leurs ailes, ce qui crée énergie et chaleur. Plus le bourdon est grand, plus il frissonne et peut atteindre rapidement les 30 °C nécessaires au vol. Quand le corps est aussi couvert de poils, l'isolation est presque parfaite ! Pratique pour voler à des températures de moins de 10 °C.

Le lever de la reine

Que fait donc cet insecte bourdonnant à zigzaguer dans le sous-bois ? Récit des premières péripéties d'une monarque.

TEXTES **SOPHIE GIRIENS** DESSINS ET NOTES DE TERRAIN **SYLVAIN LEPAROUX**
✉ redaction@salamandre.org

Sous une racine de hêtre, dans une loge sombre au parfum de terre et de mousse, une reine de bourdon s'éveille. Ses antennes frémissent, son thorax frissonne et sa respiration s'intensifie. C'est l'heure. Sa léthargie souterraine a duré plusieurs mois, mais tout son corps résonne à l'appel du printemps : il lui faut regagner l'air libre. Dans le noir complet, elle s'aide de ses mandibules et de ses griffes pour remonter laborieusement jusqu'à la surface. Couvert de poussière, l'insecte se dégage de l'humus pour se hisser sur une feuille morte.

La lumière de février l'accueille enfin. Mais… elle est complètement sale et décoiffée. La *grande dame* s'affaire alors à sa toilette, brossant son poil de ses pattes pour faire réapparaître les belles bandes jaunes sur son manteau noir. En même temps, elle fait vibrer les muscles de son thorax pour augmenter la chaleur de son corps. Nettoyée et réchauffée, notre reine de bourdon terrestre s'envole dans l'air printanier. »

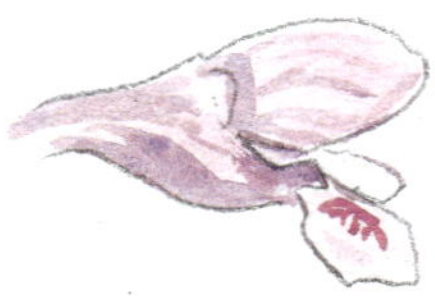

»» Au bord du sentier, des taches de couleur égaient le sous-bois depuis plusieurs jours. Anémones, violettes, primevères et ficaires profitent de l'absence de feuilles sur les arbres pour accumuler l'énergie solaire et produire du nectar. Notre bourdonneuse, qui zigzague d'un vol lourd entre les fleurs, se voit tout d'un coup dépassée par un petit bolide nerveux. Rousse et noire, aux longues antennes, cette petite abeille se pose un peu plus loin en évidence sur le sol, observant les alentours avec intérêt. C'est un mâle d'andrène bicolore *(> dessins p. 13 en haut)* qui attend l'arrivée des femelles. Celles-ci sont moins précoces que lui et il doit donc faire preuve de patience.

Peu intéressée, la reine de bourdon s'est déjà envolée vers la lisière du bois et tourne autour d'un prunellier. L'odeur des fleurs est enivrante. Elle tente de se poser sur un rameau, mais les petites fleurs blanches s'effritent et tombent comme des flocons de neige. Malheur... sa corpulence n'est pas des plus pratiques ! À sa gauche, une osmie cornue *(> dessins p. 15 en bas)* virevolte avec aisance et s'attribue tout le nectar. Quelle ingrate ! Notre reine détecte alors un autre parfum végétal dans le voisinage, encore plus attirant. C'est celui d'un saule marsault mâle, qui étale toute la splendeur de ses nombreux chatons dorés.

D'autres reines de bourdons se sont déjà ruées sur le festin, accumulant le pollen et le nectar sous forme de pelote collante sur leurs tibias arrière. Le bourdon des pierres, au poil noir et rouge, et le bourdon des arbres, brun et blanc, ne savent plus où donner de la tête tant le pollen est abondant ! Notre bourdonne est toutefois plus sage et ne se régale que de nectar.

Elle n'a pas encore trouvé l'endroit où faire son nid et n'a donc pas besoin de récolter les paillettes dorées du saule *(> Plutôt salé ou sucré ?)*.

Le ventre plein, débordante d'énergie, la jeune reine longe alors la haie pour trouver une résidence digne de sa dynastie. Mais où donc ? Derrière ce tronc ? Non. Autour de la barrière ? Pas vraiment. Au pied du noisetier ? Plutôt pas. *Bzzz*, peut-être ici ? En explorant les feuilles mortes entre les ficaires, elle tombe sur une entrée secrète faite de paille, de brindilles et de mousse. Aucun doute, vu l'odeur, c'est l'entrée d'un nid de bourdons des champs *(> dessins p. 12)*. »»

Plutôt salé ou sucré ?

Chez les abeilles, le sucré est pour les parents et le salé, pour les enfants ! En effet, le pollen est constitué de protéines, de graisses et de sels minéraux indispensables à la croissance des larves. Le nectar est quant à lui composé d'hydrates de carbone, c'est-à-dire de sucres. Ceux-ci se digèrent rapidement et fournissent notamment l'énergie pour le vol.

Au poil !

Cul-blanc ou *cul-rouge*, c'est ainsi qu'on nomme les différentes couleurs des bourdons dans le jargon des hyménoptéristes. Au printemps, les *culs-blancs* désignent par exemple le bourdon terrestre et le bourdon des arbres. Les *culs-rouges* sont plutôt représentés par le bourdon des prés et le bourdon des pierres. Avec une quarantaine d'espèces, en Suisse comme en France, les bourdons sont les abeilles les plus colorées d'Europe.

Cache-cache du coucou

Les bourdons ont tout intérêt à cacher l'entrée de leur nid contre les indésirables et en particulier pour échapper à une femelle de bourdon parasite. Celle-ci chasse ou tue la reine d'une colonie de bourdons *hôte* et prend sa place. Les ouvrières travaillent ensuite pour elle et seuls ses propres descendants survivent. Ce mode de vie a valu à ces insectes le nom de *bourdons-coucous*, en référence à la biologie de l'oiseau éponyme.

››› La reine au manteau roux est d'ailleurs en train de danser sur les fleurs de lamier pourpre à proximité. Sa longue langue est parfaitement adaptée pour dévaliser la corolle de tout son nectar.
La recherche continue. Derrière le petit rocher ? Non. Peut-être dans ce talus ? Oui ! Dissimulé par un monticule de terre, un petit trou pénètre dans le sol. C'est une galerie de campagnol. La jeune reine se met aussitôt à l'explorer, abandonnant le soleil printanier pour s'enfoncer dans l'obscurité. Marcher dans les ténèbres ne lui fait pas peur. Après tout, elle possède une arme redoutable : un dard épais et venimeux qui saura faire dissuasion si un petit mammifère ou même une autre reine de bourdon a l'audace de pointer le bout de ses antennes. Mais il n'y a rien. Elle débouche même sur une petite chambre coquette préalablement utilisée par le rongeur. C'est décidé, ce sera son palais !
En faisant l'état des lieux, elle constate le travail qu'il lui reste à accomplir. Construire les premiers pots en cire pour stocker le nectar, élaborer les cellules du couvain et les approvisionner en pollen. Les œufs qu'elle y pondra deviendront la première génération d'ouvrières qui la secondera dans l'entretien de la colonie. Avec un peu de chance, le talus verra voler au moins une centaine d'entre elles cet été, ainsi que des mâles et de jeunes reines vers la fin de la saison. Ces dernières, une fois fécondées, passeront également l'hiver dans le sous-bois en portant en elles la promesse d'un nouveau printemps riche en bourdonnements royaux. ■

Aller plus loin

Miniguide n° 32
Découvrez et identifiez 26 espèces communes d'abeilles sauvages.
> bit.ly/Abeillesauvages

Flammes pastorales

Au sein des montagnes pyrénéennes, Margaux Rebours photographie le visage des estives après l'écobuage. Une pratique agricole ancestrale qui bouleverse le paysage.

PROPOS RECUEILLIS PAR **THÉO TZÉLÉPOGLOU** theo@salamandre.org

Margaux Rebours

reboursmargaux.com

Inspirée par le sauvage et émerveillée par les liens entre les êtres vivants, Margaux est photographe dans l'ouest de la France. Elle aime également accompagner ses images de textes poétiques.

« Chaque année, en hiver, de lointaines lumières semblent danser sur les montagnes pyrénéennes à la tombée de la nuit. Un matin, suite à l'observation de ce spectacle intrigant, me voilà partie en vagabondage dans la vallée d'Aspe. Jumelles en main, je scrute l'horizon dans l'espoir d'apercevoir le vol bien caractéristique de ces rapaces à l'envergure démesurée, qui me fascinent tant. Du vautour fauve au percnoptère d'Égypte en passant par le gypaète barbu, tous veillent sur leur territoire avec grande attention. Mes yeux s'accrochent aux diverses matières qui composent les lieux. Je suis sensible aux enchevêtrements des végétaux dans la roche et à la valse des ombres qui les met en lumière. Je me plonge dans la beauté de ces paysages et dans la perspective d'une rencontre animale. Le temps est particulièrement calme, seul le cri reculé d'un milan se fait entendre. La faune sauvage semble avoir déserté les parages. Ce vide attise ma curiosité et me pousse à continuer mon chemin. Il ne me faut pas longtemps pour trouver le sujet de mes questionnements.

Les palpitations de mon cœur se font de plus en plus intenses, je ressens une chaleur ambiante se refléter sur les roches environnantes, tandis que mon corps crispé commence à deviner des effluves irritants. L'horizon se gorge d'une atmosphère inhabituelle : les feux pastoraux, aussi appelés *écobuages*, sont en action pour redessiner les alpages. Accroché aux cimes, un panache de fumée esquisse un tableau dévastateur. »

Horizon enfumé

Milan royal

Vautour fauve récupérant des herbes pour son nid

Feux pastoraux

Place nette

L'écobuage est une pratique ancienne qui consiste à débroussailler par le feu les pâturages d'estive. Ce procédé efficace et peu coûteux permet de réduire la quantité de certains végétaux comme les fougères, ce qui contribue au maintien du développement d'une herbe fourragère de qualité. Autrefois, de petites parcelles brûlaient, puis les cendres étaient dispersées pour fertiliser les sols. De nos jours, il y a moins d'agriculteurs, mais sur de plus grandes surfaces. Les zones calcinées sont alors plus conséquentes, malgré les nombreux risques que cela comporte pour la santé humaine et la faune qui ne parvient pas toujours à fuir. La pratique est interdite ou encadrée selon les pays, les régions ou encore les saisons.

››› Les flammes carminées dansent parmi la végétation, ne laissant derrière elles que la seule trace d'une ombre. Elles provoquent un grondement incessant qui résonne aux creux des rivières ou sur les pans rocheux, de quoi faire pâlir de jalousie les orages les plus sensationnels. La main de l'homme embrase les montagnes. Les flammes dévalent les pentes et absorbent avec elles l'air printanier. Dans ce paysage devenu charbonneux, il règne désormais une sombre mélancolie.
L'odeur de brûlé envahit peu à peu l'air ambiant. Elle apporte une pluie de cendres qui s'abat dans la vallée au gré du vent. Les habitants alentour barricadent leurs fenêtres pour tenter d'échapper à cette poussière grisâtre et aux particules tombant de part et d'autre. Les locaux le savent, durant ces pratiques d'écobuage, la qualité de l'air devient nocive pour la santé.
L'absence d'animaux devient tristement compréhensible. Tentent-ils d'échapper à ce spectacle ? Sont-ils déjà *fossilisés* quelque part dans ce brasier ? Les questions fusent, les prairies habituellement riches de vie sont désormais noir et blanc. Faune et flore ont été effacées comme craie au tableau, afin de créer une nouvelle page où la résilience sera de mise. ■

Un équilibre délicat

De nombreuses études ont montré que les incendies favorisent la diversité des espèces végétales. Mais ce phénomène n'a pas que du bon. La petite faune des larves, insectes ou araignées ne peut pas fuir. La perdrix grise des Pyrénées est un oiseau de montagne qui affectionne les landes à genêts.
À court terme, ces feux peuvent empêcher le développement de ces arbrisseaux s'ils ne sont pas assez espacés dans le temps (entre cinq et huit ans). À long terme, les brûlages et la gestion pastorale qui les accompagne retardent l'évolution naturelle des landes vers des stades forestiers, et sont donc synonymes de persistance des milieux semi-ouverts plutôt favorables à la perdrix grise. Une solution de gestion serait donc de préserver une mosaïque d'habitats différents, et d'exclure les feux dans certaines zones.

Écobuage dans une estive pyrénéenne
Vallée d'Aspe, le 23 mars 2022 à 18 h

Barrages à la vie ?

Les milliers de barrages construits en Europe fournissent un cinquième de l'électricité produite sur le continent. Renouvelable, cette source d'énergie a cependant deux limites : la croissance de sa production est limitée car la plupart des cours d'eau sont déjà exploités, et ses impacts sur les écosystèmes aquatiques sont très lourds.

PAR **CAMILLE BELSOEUR** ET **JEAN-LUC WISARD** camille@salamandre.org

L'ÉNERGIE HYDRAULIQUE EN EUROPE…

une source d'électricité majeure (35 pays)

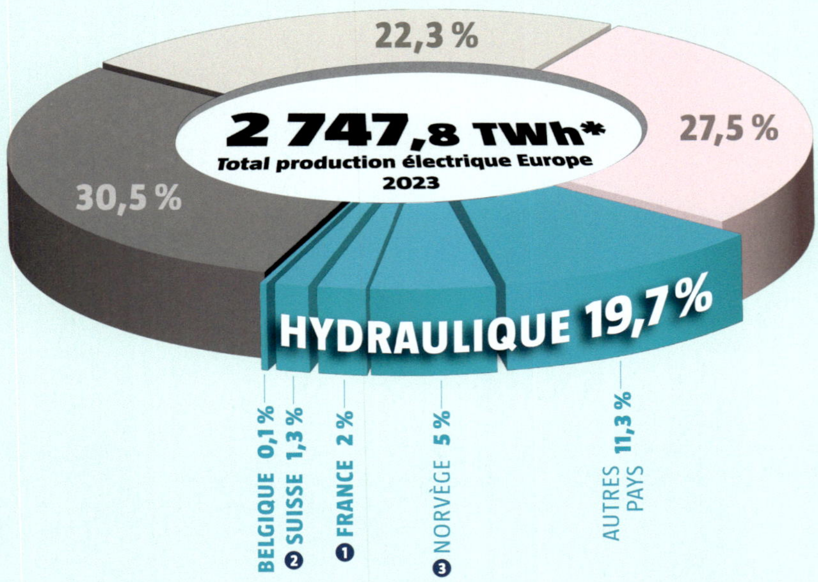

Sources d'électricité

Énergies non renouvelables
- Nucléaire
- Énergies fossiles, incinération…

Énergies renouvelables
- Éolien, solaire, biomasse…
- Hydraulique

***TWh** = térawatt-heure = **milliard de KWh**

❶ En France, un projet de barrage sur un tronçon préservé du Rhône a été abandonné en 2024 suite à une forte opposition sociale et environnementale. L'ouvrage visait **0,14 TWh** par an, soit la consommation électrique annuelle de 60 000 habitants.

❷ Pour sortir du nucléaire et réduire ses émissions de CO_2, la Suisse vise une production hydroélectrique de **37,4 TWh** en 2035, contre 35,4 en 2023.

❸ Produisant **5 %** de l'électricité européenne grâce à ses barrages, la Norvège est le premier producteur européen.

… INÉGALE SELON LES PAYS

mix électriques nationaux (en %)

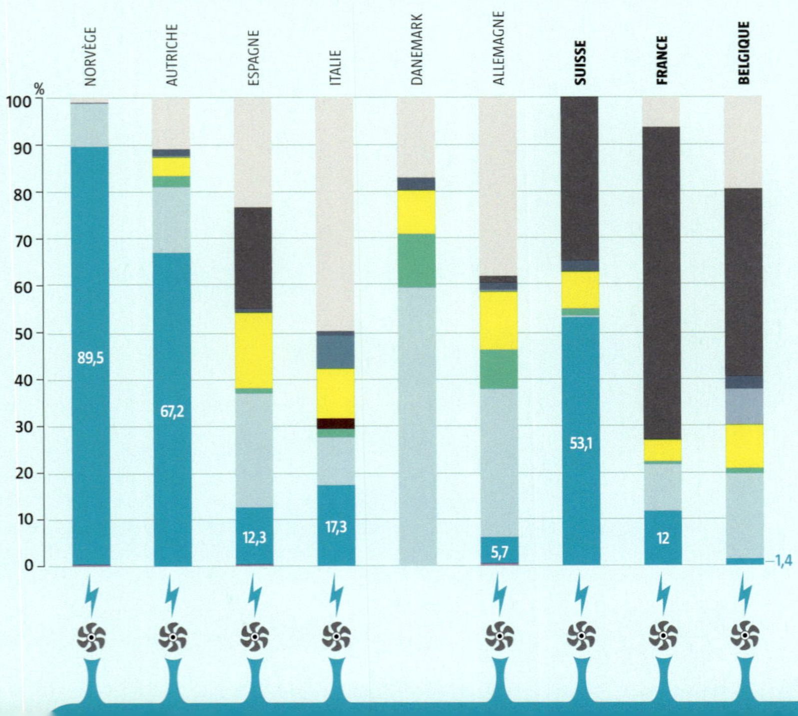

Sources d'électricité

Énergies non renouvelables
- Énergies fossiles
- Nucléaire
- Incinération déchets
- Autres

Énergies renouvelables
- Solaire
- Géothermie
- Biomasse
- Éolien
- Hydraulique
- Autres

Sources : ENTSOE *Statistical Factsheet 2023* / Nature geoscience / rapport *Hydropower pressure on European rivers* par WWF et RiverWatch / OFEV/ BioScience

DES RIVIÈRES TRÈS FRAGMENTÉES

Les barrages empêchent la libre circulation d'organismes vivants, modifient les courants, la température de l'eau et le transport des sédiments riches en matière organique.

5,2 %
Part des **émissions anthropiques mondiales de méthane** émise par les lacs de barrages. Ce puissant gaz à effet de serre se forme à partir de la matière organique submergée.

n° 1
Les barrages sont la **première cause de détérioration** des écosystèmes d'eau douce en Europe.

7 **projets suisses de barrages périglaciaires** visent à exploiter l'eau de fonte des glaciers.

Les **centrales de lac**, souvent en montagne, stockent de l'eau pour ajuster leur production.

En Belgique, la rivière Lhomme a **perdu 59 % de sa biomasse de poissons** 4 ans après la construction d'un barrage.

Le démantèlement de **487 barrages** en Europe, en 2023, a permis de restaurer **4300 km** de continuité écologique.

6 des 7 espèces de poissons migrateurs de longue durée ont **disparu de Suisse**, principalement à cause des barrages. Le survivant ? L'anguille d'Europe.

270 km
Longueur de la Vjosa (Albanie, Grèce) considérée comme le **dernier fleuve sauvage** d'Europe.

978 km
de rivières alpines **en bon état de conservation** ne sont pas placés sous protection environnementale.

Les barrages **au fil de l'eau** sont dépourvus de réservoir. Leur moindre production varie en fonction des conditions climatiques.

Sur le Rhin, toutes les centrales jusqu'à Bâle doivent être équipées de **passes à poissons** d'ici 2027.

FRANCE	SUISSE	BELGIQUE
1250	795	156

Des milliers de barrages en Europe

En Europe, on recense **21387** barrages d'une puissance > 0,1 MWh. Tirant profit des Alpes, la Suisse se distingue avec **45** *méga* ouvrages d'une puissance supérieure à 100 MWh, contre **30** pour la France.

6 mois après l'effacement du barrage d'Urrutienea sur la Nivelle, au Pays basque, **des frayères à saumons ont été observées** en amont. Une première depuis des décennies.

Le chevalier guignette

En Suisse, cet échassier ne niche plus sur le Plateau et ne subsiste que sur les cours d'eau des Préalpes et des Alpes qui s'écoulent encore de façon libre et naturelle.

Le saumon atlantique

Raréfaction de l'espèce en France et disparition en Suisse, essentiellement à cause de l'accroissement des obstacles sur les trajets migratoires.

La loutre d'Europe

Un barrage peut obliger le mustélidé à sortir de la rivière et à emprunter des routes. Les collisions sont devenues la principale menace pour l'espèce.

L'appel des grues

« Grrou ! », ce son unique a quelque chose de bouleversant quand il fait vibrer l'air tout là-haut. Cette signature de la grue est à l'origine même de son nom dans plusieurs langues. Sous nos latitudes, son coup de trompette est le signe du passage des saisons. Remontant vers le nord pour y perpétuer la vie et danser leurs amours, les grues dessinent sur le ciel de fin d'hiver des rubans interminables. Les voyageuses libres tissent alors un lien invisible entre les terres, par-delà les frontières.

La grue cendrée revient de loin, elle aurait pu disparaître. Son retour incroyable, mais fragile, montre qu'il est possible de préserver le vivant. Et qu'il faut continuer. Joignons-nous à son appel et dansons encore longtemps avec elle !

UN DOSSIER DE **SOFIA MATOS** redaction@salamandre.org

Au fil des pages, écoutez l'appel des grues. Quatre enregistrements ont été réalisés par Bernhard Wessling, l'inventeur d'une méthode de reconnaissance individuelle de chaque spécimen par ses vocalisations. Deux enregistrements sont tirés de la banque de sons naturaliste participative xeno-canto.
> bit.ly/BWesslingGrues / > xeno-canto.org

HORST JEGEN

Échos de voyage

Le printemps n'est pas encore arrivé quand la migration des grues cendrées bat son plein. Ambiances de terrain sur un site d'escale parmi les plus célèbres, le lac du Der-Chantecoq, au nord-est de la France.

La voix grésille à chaque arrêt : « *Prenez garde à l'intervalle entre le marchepied et le quai.* » Soupir, retour à la civilisation. Ventilation, valise grinçante, sifflement de nez, le moindre bruit me rappelle les notes roulées de la grue cendrée. La nostalgie m'envahit. Ce son inoubliable m'a transportée dans un monde parallèle le temps de deux journées en Champagne-Ardenne...

Rembobinons. Cet après-midi du 19 février, la voie cyclable au départ de Saint-Dizier défile depuis quarante minutes entre trois *autoroutes*. À gauche, un canal dans son corset de béton. À droite, une file de voitures à l'heure de pointe. En haut, des avions militaires en exercice déchirant la grisaille dans un fracas assourdissant. Les Rafale ont-ils volé l'espace aérien et sonore aux oiseaux ? Pour l'instant, l'absence du peuple ailé est criante. Avec la baisse de luminosité, le bal militaire s'arrête enfin. Bientôt, un son, *le* son, me décroche un large sourire. « *Grrou krirr gruh !* » Une troupe de grues cendrées rangées en V, avec leur cou et leurs pattes étirés, survole les terres industrialisées dans la même direction que moi. Peu après, sur la rive opposée du canal, j'aperçois une des leurs postée telle une statue grise de la taille d'un petit humain à l'orée d'un bois. Léger coup de frein, mains sur les jumelles et... trop tard, la gracieuse silhouette haute sur pattes s'est déjà envolée, en gaspillant sa précieuse énergie. Évidemment, la créature à la prudence légendaire a été plus maligne que moi (> *Repéré ? C'est acté !*).

Ondes protectrices

La piste bifurque et s'enfonce dans la forêt. Les lignes droites se muent en courbes organiques. La nuit glaciale est déjà bien installée quand je longe les eaux noires de l'immense lac du Der, accompagnée des cliquetis de la roue libre du vélo. Enfin, un gîte chauffé me tend les bras. J'y engloutis mon souper, croyant peut-être faire venir demain plus vite. Pelotonnée sous la couette, j'imagine la foule de grues rassemblée dans les zones tranquilles et peu profondes du lac. Enveloppées dans un édredon de brume, la tête posée sur leur dos, elles gardent un pied dans l'eau, l'autre relevé au chaud dans le plumage. À quoi rêvent-elles ? Comme pour moi cette nuit, leur sommeil n'est pas profond. Dans leur pataugeoire, ces dormeuses sont prêtes à donner l'alarme au moindre frémissement de l'onde. Le liquide est leur allié indispensable dans les ténèbres.

ILLUSTRATIONS : JEAN CHEVALLIER. IMAGE PRINCIPALE RECOMPOSÉE

Repéré ?
C'est acté !

Le plus grand échassier d'Europe – plus de 1,20 m de haut et 2,20 m d'envergure – est pourtant insaisissable. Très farouche, la grue tire parti de la vie de groupe pour multiplier les paires d'yeux attentifs. Elle adopte les milieux dégagés pour repérer à temps le moindre mouvement suspect grâce à son excellente acuité visuelle. Sa distance de fuite, 300 m en moyenne, peut atteindre 1 km dans ses sites de nidification. Elle se montre plus confiante à côté des humains de passage qui l'ignorent et qui restent sagement sur les chemins. C'est probablement grâce à son sens de l'observation et sa sociabilité qu'elle peut se permettre de bavarder à tue-tête.

Sons et lumières

« Bien dormi ? C'était important de se lever avant l'aurore, car les grues sont très matinales », me motive Antoine Cubaixo. Ce guide ornithologue ne compte plus les petits matins à faire découvrir avec passion les trésors à plumes aux touristes venus de toute l'Europe. Nous avançons par un froid de canard sur une jetée idéale pour observer le spectacle du *lever de grues*. Dans le jour naissant, le guide repère à la longue-vue quatre groupes de plusieurs centaines d'individus sur des îlots lointains. Réveillés, les oiseaux *à échasses* font un brin de toilette, protégés par leur enceinte aquatique. Déjà, leurs concerts de trompettes en stéréo déploient une toile sonore ininterrompue. Ils prennent leur temps ce matin.

Une fenêtre orangée s'ouvre à l'est et illumine une curieuse partie de pêche dans le port. Une équipe de cormorans et de harles bièvres plonge en quête du petit déjeuner. De grandes aigrettes postées le long des berges se servent des poissons qui tentent d'échapper aux premiers. Sur l'îlot le plus proche, une foule de sarcelles d'hiver et de vanneaux huppés babille en continu au pied des saules et des hérons. Çà et là, des canards siffleurs, chipeaux et pilets se toilettent ou déambulent. La cohabitation pacifique dans un si petit espace est inspirante ! »»

Cris de contact en vol, assurant la cohésion du groupe lors de l'effort
> bit.ly/GrueVol

››› Bal des saisons

Le lac du Der-Chantecoq et son écrin de roselières, marais et boisements est un paradis ornithologique. Pourtant, sa naissance fut un enfer : en 1974, la mise en eau de ce réservoir artificiel a englouti trois villages et leurs alentours sur 4 800 ha. Cette retenue parmi les plus étendues d'Europe régule les eaux du bassin de la Seine pour tamponner les crues à Paris. « *Le Der est comme une mer intérieure avec des marées,* explique Antoine Cubaixo. *Il se vide à partir de juillet pour soutenir l'étiage de la Marne. La baisse du niveau découvre des vasières et îlots, qui attirent les migrateurs en automne. Dès décembre, il se remplit à nouveau.* » Plus de 300 espèces d'oiseaux s'observent dans cette réserve nationale de chasse et de faune sauvage. Avec l'essor de la culture de maïs dans les années 1970, dont sont friandes les grues, le gîte et le couvert sont offerts sur un plateau. Après des années d'absence en France *(> Renaître de ses cendres, p. 36)*, les premières revenantes l'adoptent durant l'hiver 1975-1976. L'année suivante, 34 sont dénombrées. En comparaison, au 14 janvier 2024, elles sont estimées à 30 500 ! La mi-janvier marque les premiers frémissements migratoires en Champagne et le gros du départ se déroule dans la première quinzaine de février. Celles que l'on observe aujourd'hui sont majoritairement venues d'Espagne.

Par ailleurs, le Der est aussi un site d'escale automnal pour les voyageuses sur la route du sud. Il est bien placé sur la voie de migration occidentale, un corridor d'à peine 200 km de large adopté par une grande partie des populations européennes. Ce couloir relie leurs quartiers de reproduction scandinaves, baltes, allemands ou polonais, et leurs refuges d'hiver, principalement en France et en Espagne.

Départs fanfaronnants

7 h 30, le brouhaha gagne en intensité. Ça y est, un premier groupe file enfin en direction du nord-est ! D'autres suivent, sortant de toutes parts dans la clarté du matin. D'abord désorganisés, les petits points se rangent en lignes, en *V* ou, quand ils sont plus d'une centaine, en chevrons ou en vastes arcs de cercle. Ces formations permettent d'économiser de l'énergie en profitant de la poussée d'air provoquée par l'oiseau qui précède, comme les cyclistes qui se maintiennent dans le peloton. *« Il n'y a pas de meneuse, toutes se relaient à la tête de la formation,* explique l'ornithologue, un café entre ses doigts glacés. *Ce sont des groupes familiaux : des couples avec ou sans leurs jeunes, et d'autres individus qui peuvent avoir des liens de parenté. Beaucoup retournent sur leurs sites de naissance ou de nidification. »* Une dizaine de ces *trompettistes* passent près de nous, déviant légèrement leur trajectoire à notre approche pour éviter de nous survoler. En glissant dans le vaste ciel, ces oiseaux génèrent comme un vent puissant de liberté qui pousse l'imaginaire vers des horizons remplis de promesses...
Bilan de la matinée : plus de 600 individus. *« Un chiffre correct pour la saison. Les rassemblements les plus spectaculaires sont automnaux, à l'image du record du 3 novembre 2019 avec 268 120 grues, soit presque la totalité des hivernantes d'Espagne !,* se rappelle l'ornithologue. *Elles étaient bloquées sur leur route par une mauvaise météo, puis ont toutes décidé de partir en même temps quand l'anticyclone s'est installé. »*

»

ILLUSTRATIONS : JEAN CHEVALLIER

Parenté ?
C'est raté !

Malgré les apparences, les grues sont proches parentes de la foulque, des râles et des marouettes. Ces oiseaux liés aux milieux humides sont classés dans l'ordre très ancien des gruiformes, qui remonterait à 60 millions d'années selon les fossiles. Si les grues ressemblent davantage à d'autres grands échassiers comme les hérons, cigognes ou aigrettes, c'est en raison d'une convergence évolutive. Leurs lignées ont développé chacune de leur côté des longues pattes et un long cou pour répondre de manière optimale aux mêmes contraintes de vie : se nourrir les pieds dans les hautes herbes ou dans l'eau, tout en restant vigilant grâce à un périscope efficace.

Son d'un groupe de plusieurs centaines d'oiseaux en vol, par João Tomás
> bit.ly/GrueGroupe

» Concert dînatoire

Le lac s'est vidé de ses *grandes perches* bavardes. Ses flots scintillants portent encore d'autres joyaux venus du Grand Nord : fuligules milouinans, garrots à œil d'or et macreuses brunes. Une flopée de vanneaux, des courlis et un combattant varié arpentent les vasières sur les berges pour y débusquer des vers et petits crustacés. Avant que l'on se quitte, Antoine Cubaixo me signale un dernier et rarissime cadeau depuis l'observatoire de Chantecoq : un pygargue à queue blanche juvénile perché au sommet d'un arbre. Ce rapace pêcheur et chasseur est un prédateur très occasionnel de grues sur leurs sites de reproduction.

L'après-midi, je rejoins Jean Chevallier pour sillonner la plate campagne alentour. Ce peintre animalier est devenu un fin connaisseur de sa région d'adoption à force d'y scruter la faune presque tous les jours de l'année. Son pinceau chevronné a d'ailleurs donné de la couleur à ces pages. Nous recherchons… des grues, évidemment. De celles qui ont choisi de prolonger leur halte pour reprendre des forces. « *Il y a quelques jours encore, il y avait des groupes un peu partout dans les prés mouillés ou sous quelques chênes. Elles étaient parfois plusieurs dizaines assez bruyantes* », se remémore le naturaliste. Aujourd'hui, nous repérons au loin une petite poignée de grues paisibles, plantées dans une prairie bien verte semée d'oies cendrées et rieuses. Dans l'objectif de la longue-vue, malgré le soleil déclinant, quelques immatures sont reconnaissables à leur plumage plus terne tirant sur le brun. Leur tête et leur cou affichent une esquisse de marques noires et blanches typiques du futur plumage adulte. J'essaie d'imaginer l'ambiance qui régnait ici au cœur de l'hiver. C'était une valse à deux temps. La nuit dans les dortoirs aquatiques. La journée sur les gagnages. Dans ces vastes champs et prairies, des centaines de gruidés déambulaient à pas lents en papotant. Ils s'arrêtaient çà et là pour picorer du grain ou déterrer à coups de bec nerveux quelques racines *(> Manger ? C'est gagné !).*

C'est l'heure de décadenasser le vélo pour rejoindre le gîte. La nuit arrive et, avec elle, des centaines de nouvelles arrivantes qui se dirigent vers le lac en fanfare. « *La journée de demain s'annonce bien,* sourit Jean. *Les grues partent souvent en fin de matinée, avec les thermiques. Comment devinent-elles que la météo sera bonne ? Comment se concertent-elles sur le départ et la destination ?* » Ses questions s'évaporent dans l'obscurité.

Crescendo d'émotions

Dernier réveil piquant avant l'aube. Cette fois, je me recroqueville comme un rocher parmi les rochers pour m'effacer sur une digue à la vue dégagée. La notion du temps se perd parmi les clapotis de l'eau. La clameur des grues monte déjà. Bientôt, le ciel en feu se zèbre de guirlandes mouvantes. Quand les voyageuses se mettent à planer l'une après l'autre, entre les séries d'amples battements d'ailes, ces rubans sont comme soulevés par une onde invisible. En une dizaine de minutes seulement, je crois compter plus de 1 000 migratrices. Certains groupes me survolent à quelques mètres, en m'offrant des bribes de leurs conversations et des bruissements d'ailes. Je vois leurs becs s'entrouvrir au moment des « *grou* » sonores, ou des quelques « *sîîî* » aigus des jeunes.

Ces cris ont « *ouvert un tiroir secret de mon âme dont je ne possédais pas la clef* », écrivait le poète suédois Bengt Berg (1885-1967). Lors de mon voyage retour, tout paraît plus vivant : une alouette des champs invisible dans l'azur égrène sa mélodie au-dessus d'un pré. Les premiers chatons de saule colorent la piste cyclable. Le vol rectiligne d'un chevalier culblanc anime le canal. Pas un moteur d'avion ne vient dissiper la magie de l'instant. Seule une interrogation plane encore dans l'air : que vont devenir les grandes voyageuses ces prochains mois ? ■

Manger ?
C’est gagné !

Omnivores par nature, les grues sont essentiellement végétariennes en période hivernale. Dans les zones de gagnage, qui sont parfois distantes de 20 km des dortoirs, elles prélèvent graines, tubercules, racines ou herbes. Ces opportunistes tirent notamment parti des résidus de récolte, maïs en tête. Le grain doré peut représenter jusqu’à 96 % de leur régime ! En fin d’hiver, les gourmets au long bec viennent parfois se servir dans les champs fraîchement semés d’orge ou de blé, créant localement des conflits avec le monde agricole *(> Manger à sa faim, p. 40)*. Leur ration quotidienne peut grimper à 300 g en période migratoire, l’équivalent d’une tasse à thé remplie de graines.

ILLUSTRATIONS : JEAN CHEVALLIER

Malgré la distance, ce reportage a été réalisé uniquement en train, à vélo et à pied. Un grand merci à Antoine Cubaixo d’avoir partagé avec nous sa passion ornithologique un petit matin de février 2024. Pour en savoir plus sur les levers de grues au lac du Der-Chantecoq, rendez-vous sur :

> bit.ly/GruesLacDer / > bit.ly/GruesCubaixo

Roucoulement de contact
durant l’alimentation en groupe
> bit.ly/GrueContact

D'un monde à l'autre

Entre deux voyages, à quoi ressemble l'étape des beaux jours pour l'oiseau gris ? Suivons un couple qui se lance dans une aventure de haut vol : fonder une famille.

Air • Quel effort ! Un peloton de 200 voyageuses dévore les kilomètres d'un vol soutenu, oscillant entre 45 et 65 km/h. À l'arrière de la formation, une femelle de 6 ans n'a qu'une idée en tête ce mois de février : arriver le plus vite possible sur les lieux de reproduction au nord. La saison sera courte et il faut s'assurer une bonne place. Vingt-quatre heures et 1500 km après la Champagne, le groupe arrive au lac Hornborga en Suède. Ses rives sont encore figées par la glace, mais les hormones qui affluent dans le sang de la jeune grue ne trompent pas, ce signal est calé sur l'allongement de la durée du jour.

Terre • Sur ce haut lieu de rassemblement, d'autres oiseaux arrivent par vagues dans une belle cacophonie. C'est le temps des danses. Répétées toute l'année, elles sont cette fois-ci plus intenses. Une voisine se met à courir, stoppe net, puis fait des bonds élastiques, ailes déployées et pattes virevoltant en tous sens. L'excitation est contagieuse et le ballet nuptial se propage, accompagné de quelques prises de bec. Au milieu de la foule, la magie opère : la tête relevée, un mâle grogne et tourne lentement autour de la femelle. Oui, elles se souviennent de l'an passé, elles ont envie de recommencer ! Ainsi se font ou se refont les couples (> *Alors, on danse ?, p. 42*). Entre février et mars, le collectif se dissout, les paires rejoignent leur territoire habituel ou cherchent un nouveau coin.

Eau • Leur refuge nuptial compte 50 à 500 ha, selon la disponibilité en ressources. Forêts inondées, rives marécageuses ou tourbières ponctuées de saules et de bouleaux... ces lieux répondent à une exigence immuable : la présence d'eau libre tout au long de l'été afin de protéger le nid. Après un premier repérage effectué dans le marécage qui leur est familier, nos deux grues défendent âprement leurs terres pour éviter la concurrence alimentaire. Si les cris et postures démonstratives ne suffisent pas à chasser un congénère sans gêne, ils en viennent aux pattes et au bec. Une fois les limites entendues entre voisins, elles ne sont plus contestées. Le code moral, ici, on le respecte !

Feu • Brûlants de passion, les tourtereaux dansent fréquemment. Pendant ces agitations ou durant les périodes plus calmes, ils émettent un chant en duo – *unison call* en anglais. Cou tendu vers l'arrière, bec pointé au ciel, la femelle et le mâle se déplacent lentement côte à côte en émettant une séquence de sons intercalés de manière coordonnée. À force de répétitions, le duo devient parfaitement synchronisé, une manière de souligner son union et d'affirmer son territoire. Un matin, la femelle se montre réceptive aux gesticulations de son partenaire. Il peut monter à califourchon sur son dos, battant des ailes pour ne pas tomber. Cet accouplement sera suivi des jours durant par d'autres, toujours plus fiévreux.

Chant en duo effectué par un couple > bit.ly/GrueDuo

Relations libres

Fidèles jusqu'à ce que la mort les sépare ? Selon de récentes observations, les relations amoureuses des grues sont bien plus mouvantes qu'on ne l'imaginait. Oui, certains couples sont stables sur plus de dix ans, et on a rapporté des observations touchantes d'oiseaux veufs apathiques ou cherchant désespérément leur moitié. Mais plus de la moitié n'hésitent pas à changer de partenaire au moins une fois dans leur vie, surtout face à des échecs de reproduction. Des *ex* peuvent même se remettre ensemble après une séparation ou choisir de vivre en bon voisinage avec leurs nouvelles relations respectives.

WILLI ROLFES

RAFAL SZOZDA / SHUTTERSTOCK

Peau rouge

Telle une *geisha*, la grue cendrée semble maquillée de coups de pinceau noir et blanc sur la tête et le cou, avec une petite touche carmin au sommet du crâne. Cette marque colorée est en fait une zone de peau dégarnie de plumes où les vaisseaux sanguins affleurent en nombre. Nullement affolante, cette calvitie serait même séduisante. Elle vire au rouge vif durant la période de reproduction, et particulièrement quand l'animal est excité. Les femelles et les mâles sont très semblables, mais cette tache au niveau de la calotte est un peu plus grande chez ces derniers, tout comme leur panache de plumes arrière et leurs mensurations…

Garde rapprochée

Lors des excursions hors du nid, si les poussins sont deux, chaque parent en prend un sous son aile. Qu'un sanglier, renard, mustélidé ou corvidé se pointe, il sera chassé à coups de bec et de pattes par l'adulte. Mais en grandissant, les explorateurs deviennent imprudents et peuvent rapidement échapper à la surveillance parentale. En atteignant la taille adulte, les seules vraies menaces naturelles resteront les aigles. Contre eux, la devise *« Ensemble, on est plus fortes ! »* s'applique. Même durant la saison territoriale, si un tel danger est repéré, les couples alertés se déplacent pour former un groupe soudé. Leurs cris et becs pointés tels des fers de lance finissent par dissuader le rapace.

WILLI ROLFES

Élever

Le printemps débarque et un petit miracle grandit dans le ventre de la femelle. Mille découvertes attendent déjà l'oisillon dans le grand marais.

Paille

• Le comportement des grues change radicalement. Il faut maintenant incarner la discrétion... hormis quelques échauffements de voix au réveil. Au programme, bâtir le nid. Le chantier durera cinq jours à trois semaines. D'abord, choisir d'un commun accord un emplacement secret, les pieds dans l'eau. Ensuite, ramasser des brindilles ou cueillir des roseaux, joncs et autres herbes aquatiques. Puis les jeter derrière son dos en visant approximativement la zone envisagée du berceau. Enfin, rassembler le tas pour constituer une plateforme de 1 m de diamètre environ, dépassant de 10 à 20 cm la surface de l'eau. *Tada !*

Rouille

• Avril. Les partenaires acquièrent des reflets bruns par des colorations successives. Leur salon de coiffure ? Une zone de boue enrichie en pigments d'oxydes de fer. Chaque oiseau y prélève la terre brun-rouge avec son bec et l'étale sur son dos durant de longues minutes. Le camouflage au nid est parfait dans le paysage marécageux encore brunâtre. Justement, un bel œuf tacheté est apparu sur la plateforme. Puis un deuxième, deux jours plus tard. Les partenaires vont se relayer à égalité durant un mois environ pour couver leur trésor. L'astreinte dure en général une à deux heures avant la prochaine rotation pour se dégourdir les pattes et s'alimenter. En cas de danger, l'autre est averti ou appelé en renfort par des « *Pöööt* » insistants.

Calcaire

• Début mai. Un trille étouffé filtre à travers la coquille. C'est le tout premier son d'un petit être cherchant le contact avec ses parents. Sous leur regard nerveux, l'œuf surprise se fissure. Un œil rond brille parmi le duvet brun doré. Déjà alerte, le poussin d'à peine 15 cm de haut se blottit contre le parent qui s'est remis à couver le deuxième œuf. Mais ce dernier restera silencieux. La loterie de la vie... D'ailleurs, une fois éclos, ce n'est pas encore gagné : les chances de survie les premiers mois sont de 50 %, car les petits sont des repas faciles et appétissants *(> Garde rapprochée)*.

Plume

• Vingt-quatre heures après l'éclosion, le poussin plumé explore déjà les alentours du haut de ses pattes vacillantes. Bientôt, cet oisillon déjà émancipé du nid, qu'on qualifie de *nidifuge*, suit ses parents à la nage ou à pied dans les marais et prairies alentour. Pour bien grandir, ses premières becquées sont protéinées. Progressivement, le gruau apprend à reconnaître et attraper ce qui est comestible : bestioles à six ou huit pattes, vers, gastéropodes, un peu plus tard amphibiens, reptiles, micromammifères ou parfois petits poissons. Les excursions sont toujours plus longues sur les tapis de mousse ou dans les hautes herbes. Les végétaux sont progressivement intégrés au menu : jeunes pousses de roseau, bulbes, baies... et le jeune grandit à vue d'œil.

Trompette intégrée

Si les grues ont tant de coffre, c'est que leur corps renferme un instrument qui serait, une fois déroulé, aussi long que leur propre taille ! Pouvant atteindre 130 cm, la trachée est enroulée en double boucle dans le sternum qui prend la forme d'un boîtier creux. Ce dispositif vibre à diverses fréquences selon le travail des muscles de la syrinx, l'organe vocal. Cette trompette engoncée dans un tambour peut porter à plus de 2 km de distance. Elle se développe à mesure de la croissance du gruau. Voilà pourquoi il n'émet les premiers mois que de faibles sons enroués.

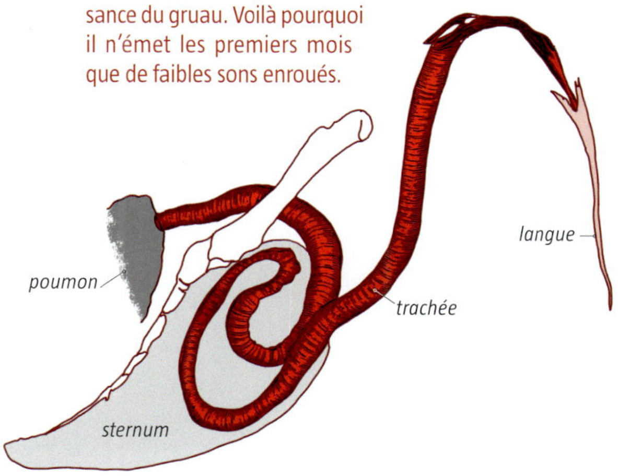

Signal d'alarme face à un prédateur (ici un aigle)
> bit.ly/GrueAlerte

S'élever

Aux portes de l'automne, les feuilles s'envolent, et les grues aussi. Il est temps, pour les derniers-nés, de découvrir la vie en société.

Élan

• Dans une clairière nordique inondée par le soleil d'août, le couple de grues semble danser de joie. Bientôt, son jeune de 10 semaines se joint à la fête en les imitant maladroitement. Quelques minutes auparavant, il a réussi son premier long vol! La famille est prête à rejoindre des lieux distants de plusieurs kilomètres où ont déjà commencé à se regrouper les individus non nicheurs. Partout, l'effervescence gagne à nouveau le peuple cendré. Voici venu l'appel du sud et des grands rassemblements, d'où naîtront des vagues successives de migratrices.

Dialogue

• Fin septembre, sur l'île de Rügen, dans la mer Baltique, des dizaines de milliers d'oiseaux se parlent inlassablement. Le jeune affûte son catalogue de vocalisations pour exprimer une large palette d'informations : alarme, coordination du décollage, émotions... De plus, chaque grue possède une signature vocale unique pour être reconnue individuellement. Leur langage cache encore bien des mystères, mais une chose est sûre : il leur permet de déployer une vie sociale complexe.

Culture

• Un matin d'octobre, par beau temps et vent arrière, la famille s'élance avec une cinquantaine de congénères, cap sud-ouest. La migration automnale est moins pressée, entrecoupée de plus longues haltes, et s'étale sur quatre à cinq mois pour l'ensemble de la population. Les grues s'orientent grâce aux astres, au champ magnétique terrestre et aux paysages. Mais les repères probablement les plus déterminants sont les congénères. Guidé par ses parents, le juvénile apprend et mémorise sa première route et ses escales. Plus tard, il en découvrira d'autres en suivant un groupe différent. Chez les grues, on parle d'une *culture de la migration*, où l'expérience des unes est bénéfique aux autres et où les savoirs évolutifs se transmettent et s'ajustent de génération en génération.

Métissage

• En cours de route, de l'Allemagne à l'Espagne, de petits groupes quittent progressivement le cortège pour s'installer en hivernage. Le petit dernier va vivre son premier hiver avec ses parents dans la vaste lagune de Gallocanta, au nord-est de l'Espagne. Puis, il volera de ses propres ailes entre janvier et mars, pour vivre en bandes avec d'autres immatures. Leurs explorations ouvriront la voie à des découvertes territoriales ou à la rencontre d'autres populations. Le comportement migratoire de *Grus grus* est très flexible. Certains individus changent complètement d'itinéraire d'une année à l'autre, voire entre l'aller et le retour. Les analyses génétiques révèlent qu'au *pays* des grues, qui ne connaît pas les frontières, les échanges sont fréquents sur toute l'aire de répartition, de l'Europe occidentale à la Russie. Aidées par leur intelligence collective et leur adaptabilité, les nouvelles générations mettent toutes les chances de leur côté pour surmonter les obstacles qui les attendent en chemin (*> Des défis à la pelle, pp. 36-41*).

AGNIESZKA FLORCZYK

Panache farceur

Quelle fière allure ont les élégantes créatures lorsqu'elles pavanent avec leur magnifique queue. *Queue*, dites-vous ? En réalité, ce qui ressemble à la traîne d'un coq est formé par les plumes des ailes proches du corps, les rémiges tertiaires. Bouffantes et retombantes au repos, elles cachent la vraie queue, bien plus courte.

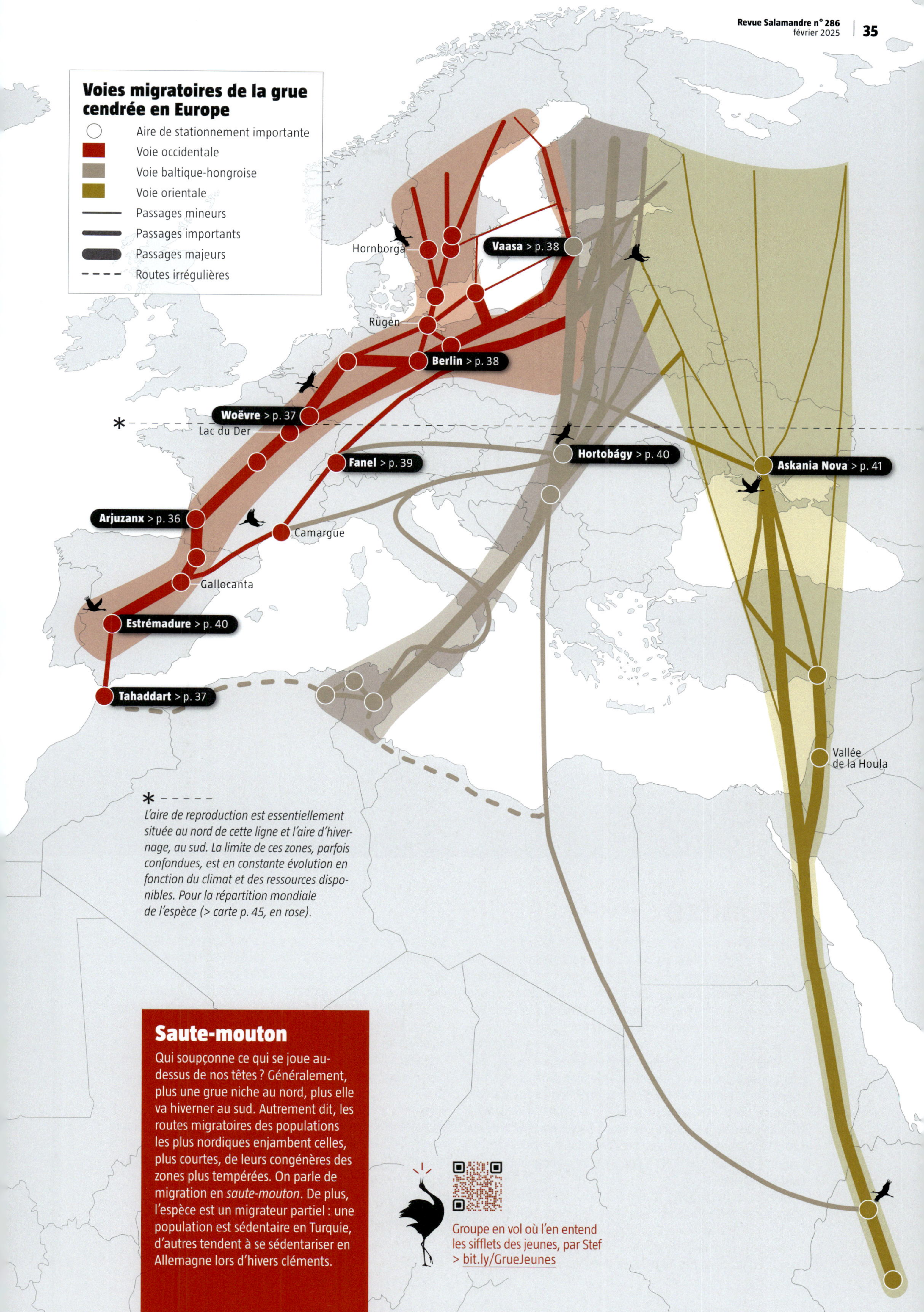

* *L'aire de reproduction est essentiellement située au nord de cette ligne et l'aire d'hivernage, au sud. La limite de ces zones, parfois confondues, est en constante évolution en fonction du climat et des ressources disponibles. Pour la répartition mondiale de l'espèce (> carte p. 45, en rose).*

Saute-mouton

Qui soupçonne ce qui se joue au-dessus de nos têtes ? Généralement, plus une grue niche au nord, plus elle va hiverner au sud. Autrement dit, les routes migratoires des populations les plus nordiques enjambent celles, plus courtes, de leurs congénères des zones plus tempérées. On parle de migration en *saute-mouton*. De plus, l'espèce est un migrateur partiel : une population est sédentaire en Turquie, d'autres tendent à se sédentariser en Allemagne lors d'hivers cléments.

Groupe en vol où l'en entend les sifflets des jeunes, par Stef
> bit.ly/GrueJeunes

Des défis à la pelle

Si les grues reviennent en beauté en Europe après avoir frôlé l'extinction, quelques mauvaises surprises les attendent encore en chemin. Tour d'horizon.

Renaître de ses cendres

La grue est un miroir de la santé des milieux humides : quand ceux-ci vont mal, elle aussi. Au Moyen Âge, la vaste plaine marécageuse des Landes de Gascogne accueillait cet oiseau alors quasi *banal* en nidification, comme presque partout en Europe. *« Mais, dès 1800, notre cher Napoléon est venu assécher le paysage landais pour planter massivement des pins maritimes »*, lâche Xavier Chauby, garde naturaliste à la réserve d'Arjuzanx, en Aquitaine. Les drainages qui se généralisent sur tout le continent à cette époque s'ajoutent à la pression cynégétique. Déjà rayées de l'Irlande et de l'Angleterre, les nicheuses disparaissent de toutes parts au fil des décennies : France, Pays-Bas, Danemark, République tchèque, Italie, Hongrie… *« Au plus bas, il ne reste que 20 000 grues en Europe »*, résume l'ornithologue. Nous sommes au milieu du XXe siècle, et l'Aquitaine ne compte plus que de rares hivernantes.

« Mais, autour des années 1970, tout se goupille à merveille ! », se réjouit le bagueur de grues. L'espèce devient strictement protégée en Europe (1967 en France). L'industrialisation agricole, et surtout l'essor de la maïsiculture, profite aux grues *(> Manger à sa faim, p. 40)*. Enfin, des zones humides sont restaurées simultanément par plusieurs pays et ces oiseaux adaptables apprennent à utiliser de petites zones humides à proximité des habitations. *« L'ancien site minier d'Arjuzanx a été réhabilité en réserve nationale de chasse et de faune sauvage dans les années 1980. Aujourd'hui, il accueille entre 25 000 et 30 000 hivernantes et migratrices de passage »*, estime le naturaliste. Cet éden de 2 500 ha s'ajoute aux quelques fiefs préservés de la région, dont le secteur de Captieux, un camp militaire qui a échappé à la domestication paysagère. Il n'est pas incongru d'imaginer qu'un jour des nicheuses pourraient se réinstaller dans les Landes. Plus au nord, l'étang de Cousseau rassemble toutes les conditions pour que ce scénario se concrétise. Si l'espèce est classée en *préoccupation mineure* sur la liste rouge à l'échelle européenne, elle reste *quasi menacée* en France en tant qu'hivernante – signe que des mesures de conservation doivent encore être prises.

FABRICE CAHEZ

env. 800 000

Effectifs mondiaux de la grue cendrée, dont plus de 400 000 en Europe (le reste en Asie). Stables après une forte progression ces cinquante dernières années.

WILLI ROLFES

S'acclimater à un monde toujours plus chaud

Le réchauffement climatique a de nombreuses conséquences sur la grue, en particulier dans les zones les plus méridionales. Le Maroc et ses zones humides comme Tahaddart pourrait un jour ne plus accueillir d'hivernantes en villégiature.

- **Trajet migratoire raccourci**, permettant de s'épargner la Méditerranée, voire les Pyrénées.
- **Hivernage plus au nord.**

- **Arrivée sur les sites de nidification les plus nordiques** environ un mois plus tôt depuis 40 ans.
- **Migration postnuptiale retardée**, chez les populations d'Europe centrale, les sites d'alimentation étant plus longtemps épargnés par le gel/la neige.

- **Évaporation** accrue au cours de l'été autour des nids, exposant les couvées aux prédateurs.
- **Assèchement de nombreux sites de nidification.**

- **Inondation des nids** lors d'épisodes pluvieux extrêmes.

FABRICE CAHEZ

Reprendre ses quartiers sur la pointe des pieds

La dernière population nicheuse française se serait éteinte en Gascogne vers 1830. Mais la relève est là ! Avec le boom démographique, des immatures ont essaimé pour chercher de nouvelles zones propices. En France, la première famille a été fondée dans une région inattendue, la Normandie ! Le couple avait dévié du couloir habituel de migration et s'y est reproduit de 1985 à 1991. Puis, c'est la Lorraine qui a été adoptée dès 1995 pour ses lacs et étangs forestiers préservés, sous le regard réjoui d'Alain Salvi, président du Conservatoire d'espaces naturels de Lorraine. « *À l'heure actuelle, il y a sans doute une trentaine de couples* », livre-t-il. Ce chiffre reste modeste, mais difficile à évaluer. « *Les prospections sont souvent ingrates compte tenu de la discrétion des grues à ce moment de leur cycle. Tout indice est précieux, mais n'indique pas forcément une nidification réussie*, témoigne le biologiste. *2020 affichait un joli bilan : sur sept familles suivies, trois ont élevé deux juvéniles, trois un seul et un couple aucun. Mais 2024 et ses pluies récurrentes a été calamiteuse pour les nids* », conclut le spécialiste. Malgré ces fluctuations, la Woëvre à l'ouest et le Pays des étangs de Moselle à l'est pourraient encore voir leurs populations grandir.

Se tirer des dérangements

La grue rôtie, c'est fini depuis le milieu du XXe siècle en Europe. Mais l'espèce protégée reste par endroits une victime directe ou indirecte du fusil. Non loin de Vaasa, petite ville côtière finlandaise, la zone agricole de Söderfjärden offre ses résidus de récolte à plus de 15 000 grues chaque automne... mais n'est pas une réserve naturelle. *« Les grues sont dérangées par les chasseurs d'oies*, expliquent Tero Piikkilä, membre de l'association ornithologique de Vaasa, et Harry Seppälä, compteur d'oiseaux. *Des coups de feu sont entendus tout au long de la journée et à la tombée de la nuit. Heureusement, ces dernières années, cette activité a diminué avec le vieillissement de la génération de chasseurs. »* Mais une autre source de gêne a pris le relais : *« Parfois, des curieux essaient de prendre des photos en marchant dans les champs près des oiseaux. La dernière mode est celle des drones, qui les effraient et les font voler inutilement*, se désolent les ornithologues. *Une de nos principales activités est d'informer le public, mais il n'est pas possible d'atteindre tout le monde. »* Le reste de l'Europe n'est pas non plus épargné par l'engouement parfois fanatique pour cet oiseau. La période de reproduction est la plus sensible. Au moindre dérangement, les couples abandonnent leur nichée, alors à la merci des prédateurs. Pire encore, le braconnage est encore à déplorer, et même les vols d'œufs, des régions périurbaines allemandes aux terres reculées de Scandinavie. En plusieurs endroits, des bénévoles ou des gardes se relaient pour veiller nuit et jour sur les nichées.

PHOTOSTOCK-ISRAEL / ALAMY

HORST JEGEN

Cohabiter avec les cités

Depuis cinquante ans, la grue cendrée vit un boom démographique marqué au nord-est de l'Allemagne après y avoir frôlé l'extinction. Avec la saturation des sites naturels, les nicheuses se sont rapprochées des agglomérations, tels le nord de Berlin ou la banlieue de Hambourg. Partout en Europe, elles doivent aussi s'adapter à des villes tentaculaires et des réseaux d'infrastructure toujours plus denses...

- **Territoire rétréci**, limité par les constructions et aires de loisirs (parfois 15 m entre deux nids).
- **Accommodation à la présence humaine** et réduction de la distance de fuite (200 m).
- **Succès reproductif diminué** (concurrence alimentaire, défense territoriale accrue, perturbation des nids en raison de la proximité humaine).
- **Perte de sites d'alimentation et de reproduction**. La construction de parcs éoliens et solaires est par endroits même autorisée sur des sites naturels, comme en Allemagne.
- **Principale cause de mortalité artificielle** en Europe, par collision ou électrocution.
- **Solutions :** signalement (dispositifs colorés, éclairage UV), enfouissement des lignes.

MARTIN GRIMM / ALAMY

Réinventer le voyage

La grue la plus célèbre de Suisse trône sur le drapeau de la Gruyère. Pourtant, aucune trace historique ne permet d'affirmer que l'oiseau était un hôte de cette contrée fribourgeoise fondée par Gruérius, un chef vandale dont le nom n'a peut-être qu'un vague lien avec l'échassier. Le pays montagneux a longtemps – si ce n'est toujours – été boudé par l'oiseau migrateur, mais la donne a changé : 2024 a même été une année exceptionnelle. *« En début de migration, le 21 octobre, un groupe de 800 oiseaux a été signalé, un record. Le passage s'est un peu calmé par la suite »*, rapporte Chloé Pang, porte-parole de la Station ornithologique suisse. La nouvelle ère s'est amorcée en novembre 2011, où plusieurs milliers de voyageuses ont survolé le Plateau helvétique, probablement déportées par un courant d'est persistant. *« Comme le trajet migratoire des grues n'est pas déterminé génétiquement, mais transmis par l'expérience et que cet itinéraire semble convenir aux grues, elles sont toujours plus nombreuses à passer par la Suisse »*, ajoute l'ornithologue.

Certaines de ces exploratrices font escale au Fanel, dans le Seeland ou encore dans la plaine de la Broye. La nuit, on peut même les entendre depuis les grandes villes comme Bâle ou Genève. Ces visiteuses font principalement partie des populations finlandaises, baltes, polonaises et russes occidentales qui rejoignent habituellement l'Afrique du Nord par la voie baltique-hongroise. Après leur repos en Hongrie, elles changent de cap vers l'ouest et contournent les Alpes par le nord (Autriche, Bavière, Suisse) ou par le sud (Italie). D'autres viennent directement de l'Allemagne. La majorité des baroudeuses stoppe en Camargue pour hiverner. Loin des voies de migrations historiques, le delta du Rhône avec sa mosaïque de zones humides et de rizières vit un essor spectaculaire depuis 2004. Il a accueilli 27 500 résidentes l'hiver dernier ! Les grues ont dû se passer le mot...

2 à 4 ans

Âge des premières tentatives d'accouplement. La pérennité des populations de grue cendrées repose sur la survie des adultes, qui élèvent au maximum deux jeunes par année, tardivement matures.

Survivre à la grippe

Maladie récente, l'influenza aviaire pourrait causer l'effondrement des populations européennes en quelques mois, si elle se propageait rapidement parmi les principales voies migratoires.

- **1996** • **Détection d'une forme hautement pathogène** de la grippe H5N1 dans des élevages intensifs de poulets en Chine.
- **2005** • **Premiers cas sauvages** chez les oiseaux d'eau.
- **2020** • **Nouvelle souche virulente** dans les populations sauvages.
- **2021** • **Premier foyer chez la grue cendrée. † 8 000 à 10 000 ind.** Décembre, vallée de la Houla en Israël *(> photo ci-contre)*. Site rendu attractif depuis 1990 avec la culture d'arachides et des nourrissages artificiels quotidiens qui génèrent des concentrations très denses.
- **2023** • **† 20 000 à 30 000 grues**. Décembre, parc national d'Hortobágy (Hongrie), durant le pic migratoire.
- **2024** • **† 400 grues**. Février, vallée de la Houla. Les fonds manquent pour ramasser les oiseaux infectés en raison de la guerre à Gaza.
- **2050 ?** • **La restauration massive de zones humides** et **des alternatives à l'aviculture intensive** limiteraient la concentration des oiseaux respectivement sauvages et domestiques, donc les foyers de contamination.

KLAUS GÜNTHER

Manger à sa faim

Quand les hivernantes débarquent en Estrémadure, entre octobre et novembre, les céréales ont déjà été récoltées. *« C'est dans les chaumes que les voyageuses affamées trouvent une nourriture abondante, facile d'accès et très visible »*, explique José Ángel Sánchez González, membre de l'association locale Grus Extremadura. Picorant les restes de riz, de maïs ou de blé, elles empêchent la repousse en saison froide et enrichissent le sol avec leurs excréments. Et tant qu'à faire, elles extraient des bulbes d'adventices et picorent des insectes indésirables.

La région attire foule de grues grâce à un paysage multiséculaire et endémique en déclin, la *dehesa*. Ces chênaies clairsemées accueillent des cultures céréalières extensives et des herbages où les cochons gambadent. *« En décembre et janvier, les glands se détachent déjà des chênes et sont à la disposition des grues. C'est à cette époque qu'elles entrent en majorité dans les pâturages. Elles cherchent des creux dans le sol pour caler les glands, les ouvrir avec le bec et accéder au riche contenu. C'est beau de voir les jeunes accompagnés de leurs parents picorer maladroitement les glands qui volent dans les airs !* s'amuse le passionné. *Comme les oiseaux entrent en compétition avec le bétail, le gouvernement propose des mesures compensatoires aux agriculteurs. Mais peu les demandent, car les dommages sont généralement mineurs et les grues sont souvent effarouchées à coups de canon »*, rapporte l'ornithologue.

Le paysage cultivé espagnol vit des mutations constantes en fonction des prix du marché. *« Des zones céréalières ou des pâturages sont convertis en cultures arboricoles intensives, ce qui les rend impraticables pour cette espèce,* se préoccupe le spécialiste. *En 2022, Grus Extremadura a porté au tribunal la transformation d'une* dehesa *protégée en oliveraie super-intensive et a eu gain de cause. Pourtant, la polyculture d'origine n'est toujours pas reconstituée. »*

Partout en Europe, la présence de ces oiseaux dans les grandes cultures suscite localement des tensions. Car ils ne font pas que consommer des restes, il leur arrive de faire des *razzia* automnales de céréales mûres et de patates ou de piétiner et recouvrir de fientes des prairies de fauche… Un nouveau problème est signalé au printemps : les machines de dernière génération ne laissent aucun résidu après récolte et détournent les affamées vers les champs fraîchement semés. Des solutions existent : les indemnisations, le maintien de chaumes tardifs ou encore les sites artificiels de nourrissage comme la Ferme aux Grues en Champagne, dont le tourisme profite à l'économie locale.

DAVID TIPLING

YUVAL DAX / LAC AGMON, VALLÉE DE LA HOULA

env. 25 ans

Longévité à l'état sauvage (42 ans en captivité). Elle peut donner l'apparence trompeuse d'une population stable, mais il faut un nombre suffisant de jeunes chaque année pour assurer la relève à long terme.

Inspirer la paix

La résilience des grues est mise à mal chaque fois qu'un site de rassemblement disparaît. Dès le premier jour de la guerre en Ukraine, le 24 février 2022, la réserve naturelle d'Askania Nova au sud du pays a été occupée par les troupes russes. Ce dernier vestige de la steppe originelle qui couvrait une grande partie de l'est de l'Europe attirait les grues en migration. *« Plus d'un cinquième des 33 000 ha de réserve a été détruit par des incendies. Les vols constants d'avions militaires à basse altitude stressent la faune. Beaucoup d'animaux ont été déplacés ou tués, mais il est difficile de mener des recherches sur le terrain*, constate Petro Gorlov, qui étudie cet oiseau en Ukraine depuis trente-trois ans. *La guerre a aussi eu des conséquences sur la nidification, au nord du pays. »* Une population a cessé d'exister dans une forêt sinistrée par les combats. Au nord-ouest, les hostilités ont commencé pile au moment de la saison de reproduction en 2022. *« Les territoires de Jytomyr et Rivne, qui abritaient les plus grandes populations nicheuses, ont été bombardés. La situation actuelle n'est pas connue »*, glisse l'ornithologue réfugié. Chère grue, toi qui fais société en bonne intelligence, et qui es si sensible à la santé des milieux, inspire-nous à construire enfin un monde pacifique, où coulent des rivières libres et renaissent les marais !

Alors, on danse ?

Le monde est riche de 15 espèces de grues. La plupart de ces *œuvres d'art* sont hélas menacées. Explorons avec le réalisateur Maxence Lamoureux comment leurs danses ont inspiré de nombreuses cultures…

Maxence Lamoureux
Cinéaste animalier formé à l'IFFCAM, l'école de documentaire naturaliste de Ménigoute. Il est programmateur pour SalamandreTV et a réalisé plusieurs films, dont trois sur les grues.

INTERVIEW

Pendant le tournage de votre dernier film, *La Danse de la grue,* vous avez assisté aux parades de cet oiseau. Racontez-nous…

C'était début avril au lac de Hornborga, en Suède. Par chance, la neige est venue recouvrir le décor gris et piétiné de la saison. En filmant des moments disparates, je me suis demandé s'il y avait un ordre, une *chorégraphie*. Et j'ai ressenti comme une progression d'énergie. D'abord cou droit et bec pointé vers le ciel, elles font entendre un roucoulement très guttural, comme un appel. Puis, souvent, elles crient, s'agitent en bougeant la tête de haut en bas, battent des ailes et enfin sautent toujours plus haut. J'ai aussi été marqué par le fait qu'elles se figent dans des postures étranges. Je me souviens de deux grues tout près de moi qui se sont regardées dans le blanc des yeux pendant dix minutes, côte à côte : l'une droite, avec le cou tordu, l'autre ramassée sur elle-même.

Tout est fascinant chez les grues. Pourquoi un film sur leurs danses en particulier ?

Je suis tombé dans le monde des grues un peu par hasard. Avec Arnaud Devroute, on voulait faire un *road movie* animalier pour notre film de promotion à l'IFFCAM. Ainsi est né *Des grenouilles sur le toit* en 2011, où l'on a suivi la migration de la grue cendrée. Dans notre deuxième documentaire, *Sans frontières*, j'ai mis en parallèle sa migration et notre propre relation aux frontières. Mine de rien, je me suis attaché à cette espèce et, de fil en aiguille, j'ai découvert un univers parallèle : de nombreux peuples animistes, aux croyances liées à la nature, font des danses de la grue. Ces ethnies ne se connaissent pas, mais ont comme point commun cette relation à l'animal. J'ai eu alors envie d'explorer ce qui nous relie au-delà des différences.

Toutes les espèces dansent-elles ?

A priori, oui. On sait que partout où il y a des grues, on retrouve des danses inspirées d'elles. Du peuple aïnou au Japon, aux Batouas en Afrique, en passant par les Ostiaks de Sibérie ou encore les Premières Nations américaines, ces danses librement interprétées expriment ce que les humains ressentent et imaginent au contact de l'oiseau. »»

TOM BLANDFORD

Grue blanche *(Grus americana)*

- A failli disparaître (15 survivantes en 1946), avant des efforts considérables de réintroduction.
- Des peuples indigènes d'Amérique du Nord se sont inspirés des grues pour leurs danses. Ils vénèrent la migratrice comme le messager du grand esprit, qui emporte les âmes.

FABRIZIO MOGLIA / STOCK.ADOBE.COM

Grue royale *(Balearica regulorum)*

- Son sac gulaire particulièrement développé à la base du bec amplifie ses cris.
- Symbole national de l'Ouganda, elle y incarne la beauté et la sérénité. Le peuple lozi, en Zambie, fait flotter une barge surmontée d'une statue de cette grue sur le fleuve Zambèze lors de sa cérémonie annuelle *Kuomboka*.

VLADIMIR WRANGEL / STOCK.ADOBE.COM

Grue de Sibérie *(Leucogeranus leucogeranus)*

- Au bord de l'extinction, elle ne se reproduit qu'à partir de 6 ou 7 ans.
- Omid, en persan *espoir*, était le dernier survivant de la population occidentale. Après quinze ans à hiverner en solitaire en Iran, on lui présenta Roya en 2023, née en captivité. L'amour fut au rendez-vous, mais on perdit la trace d'Omid au printemps. L'espoir demeure...

GUDKOVANDREY / STOCK.ADOBE.COM

Grue du Japon *(Grus japonensis)*

- Présente en Asie du Sud-Est et pas seulement au Japon, où un noyau sédentaire vit à Hokkaidō.
- Oiseau national de Chine, qui lui consacre des danses en costumes colorés. Là-bas et au Japon, elle est tantôt oiseau céleste et immortel, tantôt symbole de longévité ou encore de fidélité.

UWE BERGWITZ / STOCK.ADOBE.COM

Grue brolga *(Grus rubicunda)*

- Sa tête est dépourvue de plumes.
- Les Aborigènes lui consacrent des danses rituelles. Selon leur cosmogonie, elle fut autrefois l'une des leurs, leur apporta le feu et donna naissance au Soleil. Une légende indonésienne raconte qu'elle fut le premier être vivant lors de la Création.

KARLOS LOMSKY / STOCK.ADOBE.COM

Grue demoiselle *(Anthropoides virgo)*

- La plus petite grue. Elle a la particularité de nicher à même le sol sec des steppes eurasiatiques.
- Comme la grue cendrée, elle était représentée dans la Grèce antique en compagnie des divinités de l'Olympe, des nymphes et des danseuses. *Géranos*, qui signifie *grue* en grec ancien, désigne aussi la danse exécutée par Thésée après avoir triomphé du Minotaure.

STATUT

MENACÉE:
- *En danger critique*
- *En danger*
- *Vulnérable*

- *Quasi menacée*
- *Préoccupation mineure*

INTERVIEW

››› À quoi sert ce comportement ?
Les parades chez les oiseaux seraient là non seulement pour créer une relation dans le couple et s'harmoniser, mais aussi pour la coordination biologique. Chez les pigeons, par exemple, en l'absence de la cour du mâle, la femelle n'ovule pas. L'excitation qui accompagne les parades enclenche donc des réactions biologiques. Il y a fort à parier que c'est aussi le cas chez les grues. Mais ces oiseaux sociaux exécutent ces mouvements à toute saison, probablement pour renforcer les liens au fil des mois ou même sur plusieurs années.

Chez les humains, quelle est la fonction des danses inspirées de l'échassier ?
Elle est propre à chaque culture. En Corée du Sud, elle semble plutôt se rattacher au folklore. Exécutée avec de grands mouvements de jambes dans un costume blanc aux manches pendantes, c'est l'interprétation la plus jolie à mes yeux. J'ai rencontré en Anatolie les Alévis, un peuple qui intègre cette danse dans ses moments de culte. Femmes et hommes placés en alternance tournent lentement en rond. À la manière des oiseaux qui décrivent des cercles pour prendre de l'altitude dans les thermiques, eux s'élèvent d'un point de vue spirituel. Des chercheurs pensent qu'il y a même une origine commune entre cette danse et les pratiques soufies des derviches tourneurs. Pour les Alévis, tous les animaux sont sacrés, mais la grue a un statut à part. Chaque village possède son musicien, le *dede*, qui chante des poèmes consacrés à cet échassier accompagné d'un saz, un luth à manche long.

On découvre dans votre film que les Alévis ont hérité d'une tradition très ancienne...
À Göbekli Tepe, un vaste site archéologique sur le plateau anatolien, des mégalithes vieux d'environ 12 000 ans sont gravés d'animaux. Plusieurs stèles représentent des grues, mais elles ont étrangement des jambes de forme humaine, genoux vers l'avant. Vu que les autres représentations animalières sont correctes, l'hypothèse d'une erreur morphologique a été écartée. Dans la même région, les archéologues ont trouvé des ossements d'ailes de grues percés de manière à faire passer des lanières. On pense alors que des rituels ou des danses inspirées de la grue demoiselle ou de la grue archibaldi, une sous-espèce locale de la cendrée, étaient déjà pratiqués.

Pour *La Danse de la grue*, vous vous êtes associé à une chorégraphe. Dans quel but ?
J'avais besoin de quelqu'un pour réfléchir sur la danse. Fiona Le Goff s'est montrée partante pour créer une chorégraphie basée sur son observation de grues en parade et ses ressentis, qu'elle exécute avec Marine Gambardella. Puis, le film s'est mué en spectacle vivant. C'est parti d'un délire qui s'est concrétisé : durant plusieurs représentations, les danseuses ont performé devant l'écran en parallèle de la projection. Je rêve maintenant que ce film autoproduit soit développé en mode professionnel... ›››

JO / STOCK.ADOBE.COM

Grue du Canada *(Grus canadensis)*

- Cette nord-américaine effectue la migration la plus longue, pouvant relier le nord de la Sibérie et le Mexique.
- Une légende aztèque raconte qu'une grue apparut un jour avec un miroir d'obsidienne sur la tête. Ce dernier permettait de lire l'avenir et annonça l'arrivée des premiers colons espagnols.

STATUT

MENACÉE
- En danger critique
- En danger
- Vulnérable
- Quasi menacée
- Préoccupation mineure

TONY HEALD / NATUREPL

Grue de paradis *(Anthropoides paradiseus)*

- Oiseau national de l'Afrique du Sud, qui abrite quasi toute sa population.
- Dans la culture zouloue, qui lui consacre une danse, elle est un symbole de bravoure. Le nom *Isitwalandwe*, donné traditionnellement aux guerriers et signifiant *Celui qui porte les plumes de l'oiseau rare*, qualifie aussi les militants qui ont contribué à la lutte pour la libération de l'apartheid.

MAREK STEFUNKO / STOCK.ADOBE.COM

Grue cendrée *(Grus grus)*

- C'est la grue dont l'aire de répartition est la plus vaste, de l'Europe à la Sibérie, et de l'Afrique du Nord à la Chine orientale.
- Chez les Celtes, elle semble tantôt associée à la déesse-mère primordiale, aux cycles de la nature ou encore au royaume des morts. Des danses populaires anciennes comme la farandole pourraient s'être inspirées d'elle.

AGAMI / STOCK.ADOBE.COM

Grue à cou noir *(Grus nigricollis)*

- Nichant dans le haut Tibet, elle a été observée à plus de 8 000 m d'altitude en migration vers le sud de l'Himalaya.
- Présage de chance et de prospérité, elle est considérée par la communauté monpa comme l'incarnation du sixième dalaï-lama, Tsangyang Gyatso.

MICK TAYLOR / ALAMY

Grue caronculée *(Bugeranus carunculatus)*

- Reconnaissable à sa longue caroncule pendante, qui amplifie ses appels.
- Elle est une espèce porte-drapeau pour des programmes de conservation des bassins fluviaux, notamment en Zambie.

BERNARD CASTELEIN / NATUREPL.FR

Grue antigone *(Grus antigone)*

- Pouvant atteindre 175 cm de haut, c'est la plus grande des grues.
- Oiseau porte-bonheur en Inde, parfois représenté en compagnie de Vishnou. Le poète légendaire Vālmīki décrivit sa tristesse de voir une grue endeuillée après que sa compagne fut chassée. Ce texte incarne le chagrin dans la littérature hindoue.

INTERVIEW

››› Est-ce que l'oiseau peut, comme une chorégraphe, créer librement des mouvements ?

On ne sait pas s'il existe une base héréditaire, mais un apprentissage se fait certainement au contact des parents, puis du groupe social. Les jeunes, qui ne se reproduisent qu'à 2 ou 3 ans, jouent beaucoup. Leurs mouvements font parfois penser à des parades qui se précisent avec le temps. Mais l'ambiguïté entre danse et jeu ne semble pas disparaître... Un jour de blizzard en Suède, j'ai observé des grues sauter en tous sens et se laisser emporter par les rafales. J'y ai vu du plaisir à être ensemble, à jouer comme des folles avec le vent. Après l'accouplement, elles s'amusent aussi à prendre des mottes d'herbe ou des cailloux et à les lancer en l'air. Cet oiseau sociable est très expressif et utilise beaucoup le langage corporel, en plus de ses vocalises. Il danse pour faire société... comme nous ! ■

CLAUDE BALCAEN / BIOSPHOTO

Grue moine *(Grus monacha)*

- Parmi les plus petites grues, elle atteint 1 m de haut.
- Chez les Bouriates, l'une des plus importantes ethnies de la Sibérie, il est interdit de tuer les grues moines et de manger leur chair. Elles seraient dotées de protecteurs célestes.

SANDPIPER / STOCK.ADOBE.COM

Grue à cou blanc *(Grus vipio)*

- Elle hiverne notamment dans la zone démilitarisée entre les deux Corées.
- Avec la grue du Japon, elle est un symbole de paix. Plier 1000 grues en origami apporterait santé et bonheur. Après la mort de Sadako Sasaki, jeune victime d'Hiroshima qui en plia plus de 600, l'oiseau devint un symbole pour l'abolition des armes nucléaires.

RADUB85 / STOCK.ADOBE.COM

Grue couronnée *(Balearica pavonina)*

- Le panache de plumes dorées sur sa tête contraste avec son plumage noir.
- Selon plusieurs peuples africains, elle inventa la parole et réunit, par sa voix, sa danse et son plumage, les attributs du langage : son, mouvement et beauté.

STATUT

MENACÉE
- *En danger critique*
- *En danger*
- *Vulnérable*
- *Quasi menacée*
- *Préoccupation mineure*

ALLER PLUS LOIN

À voir

Chorégraphies

Quand le cinéma animalier rencontre les arts vivants. Dans son dernier film, Maxence Lamoureux et la chorégraphe et danseuse Fiona Le Goff explorent la danse des grues au travers du mouvement, des cultures et des âges.

La Danse de la grue
disponible sur *Salamandre.TV*, 2023
> salamandre.tv/la-danse-de-la-grue

Autres films sur la grue, sur Salamandre.TV :
> bit.ly/GrueSalamTV

Migration en direct

Vivez la migration de la grue cendrée au jour le jour, découvrez les principaux sites de suivi en Europe et transmettez vos observations sur le portail du Réseau Grues France.

> bit.ly/réseauGruesF

À lire

Sur le vif

Retrouvez l'univers de Jean Chevallier dans son dernier livre. 112 pages d'aquarelles et de dessins, choisis parmi ses carnets de terrain au lac du Der. À l'honneur, les grues et autres *longues pattes* – aigrettes, cigognes et hérons –, et des paysages au fil des saisons.

Carnet de terrain au lac du Der, 2
Jean Chevallier, *autoédition*, 2024
> bit.ly/CarnetGrues

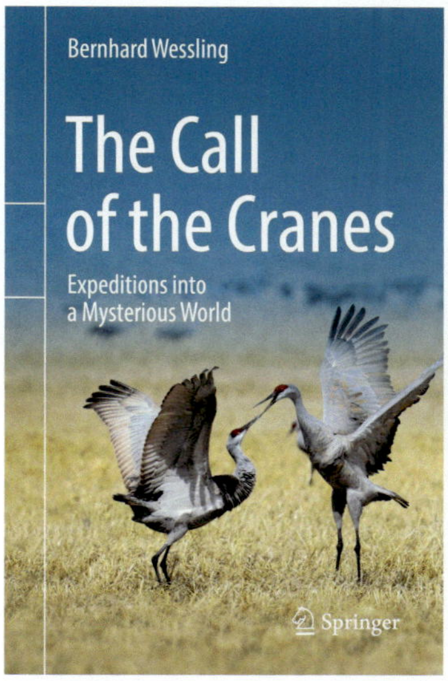

Quête audio

Une mine d'or – en anglais – pour explorer le monde mystérieux des grues, d'où sont tirées quelques anecdotes de ce dossier. Ou comment la découverte d'une méthode non invasive d'identification acoustique individuelle a ouvert la voie à de riches observations de terrain, la déconstruction de mythes, des réflexions sur l'intelligence et la vie émotionnelle animale ou des succès de conservation sur d'autres continents.

The Call of the Cranes
Bernhard Wessling, *Springer Publishing*, 2022
> nhbs.com/the-call-of-the-cranes-book

Les yeux dans les yeux

Samuel Butzer joue avec l'œil animal comme avec un miroir vivant. Un échange intime avec le sauvage que le photographe genevois sublime. Regards croisés avec les reptiles et les amphibiens.

PHOTOS **SAMUEL BUTZER** PROPOS RECUEILLIS PAR **JEAN-PHILIPPE PAUL**

Lézard ocellé

Coronelle lisse

Rainette verte

Triton alpestre

Couleuvre à collier

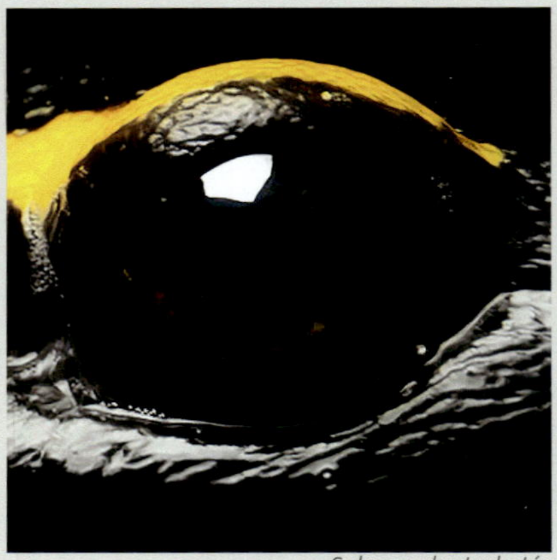
Salamandre tachetée

Sonneur à ventre jaune

Vipère aspic

Grenouille rousse

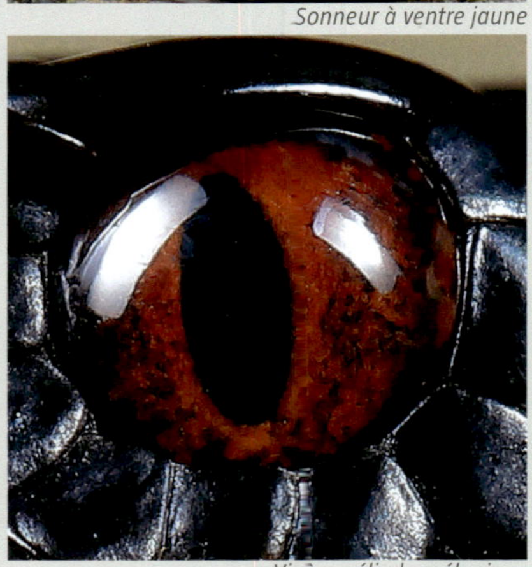
Vipère péliade mélanique

« À la façon d'une carte d'identité, la forme de sa pupille et la couleur de son iris sont autant de variables uniques qui nous permettent d'identifier un individu en particulier. »

Couleuvre de Montpellier

Tarente de Maurétanie

Couleuvre d'Esculape

Orvet fragile

Crapaud calamite

Triton palmé

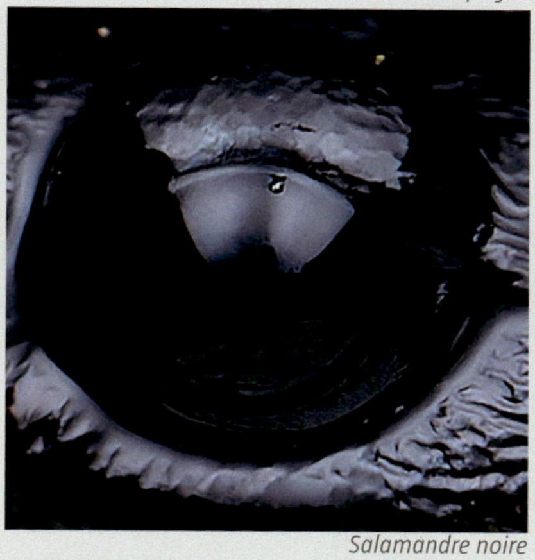

Salamandre noire

Couleuvre vipérine

Vipère aspic zinnikeri

Lézard vert

Couleuvre verte et jaune

« Au-delà de la beauté unique de chaque pupille que j'ai pu photographier, ce contact visuel direct et sans détour me relie à l'animal. »

Crapaud commun

« Je me souviens que mon père me portait sur ses épaules lors de nos sorties en forêt pour chercher des champignons autour de Genève. Ces moments ont éveillé en moi un amour profond pour le vivant, que je perpétue aujourd'hui en arpentant la nature pour l'observer et la photographier.

Mon intérêt s'est rapidement porté sur les animaux à sang froid. Cette fascination sans limite a renforcé au fil du temps mon désir de leur rendre hommage à travers mes images. Diplômé de l'École de photographie de Vevey, je m'essaie à différentes techniques photographiques afin d'affiner mon art en quête d'esthétisme.

Je collabore par exemple avec le Muséum d'histoire naturelle de Genève et de nombreux autres organismes. Ces opportunités me permettent de sensibiliser le public à l'importance de préserver cette nature sublime, mais fragile, en mettant particulièrement en lumière nos amis à écailles.

Samuel Butzer
Photographe naturaliste, Genève
> samuelbutzer.com
samuel_butzer_photography

EMANUELE BIGGI

La délivrance des salamandres

Voici venu le temps des naissances pour ce mystérieux amphibien qui semble nimbé de feu*. Approchons discrètement.

PAR **DAVID MELBECK** redaction@salamandre.org

* Née des flammes

La peau sombre et luisante de la salamandre tachetée est imprimée de motifs dorsaux jaune feu ou orange braise. Cette robe contrastée est un avertissement destiné aux prédateurs, car l'animal est venimeux – on parle d'*aposématisme*. Hôte des bois, *Salamandra salamandra* a enflammé l'imaginaire des siècles passés. On racontait alors que l'amphibien né du feu pouvait le traverser sans dommage. Un pouvoir qui lui a conféré une place de choix dans le bestiaire fantastique.

Quand ?

Presque toute l'année, mais en particulier de **février à mai**, la femelle gestante, au ventre bien rebondi, cherche un ruisseau forestier ou plus rarement une mare pour pondre.

Active **après la pluie** et le **coucher du soleil,** elle sort souvent **avant minuit**, quand le sous-bois baigne dans une humidité ambiante. Elle semble plus casanière lors des nuits de pleine lune.

Une certaine **douceur** est nécessaire pour rencontrer la salamandre, idéalement **entre 6 et 14 °C**, après des averses suffisamment abondantes pour mouiller le sol en profondeur et provoquer une **bonne hygrométrie.** Les premières précipitations suite à une période froide ou sèche déclenchent leur sortie.

Où ?

De jour, parcourez les bois moussus et humides puis repérez flaques, ornières, mares et sources forestières. Ces endroits seront à visiter le soir venu. En montagne, les versants nord et les abords de ruisselets sont également propices jusqu'à environ 2 300 m d'altitude.

Matériel

Une veste imperméable, des bottes et une lampe torche sont de rigueur.

Règles d'or

Ne la touchez pas. La salamandre est intégralement protégée par la loi et également victime d'une maladie fongique qui semble s'étendre en Europe.

Désinfectez vos bottes avant et après chaque sortie pour éviter de transporter d'éventuelles spores.

70

Terrestre, la femelle se met à l'eau seulement pour y déposer sa descendance. Contrairement à la plupart des amphibiens, ce ne sont pas des œufs, mais 8 à 70 larves tout juste écloses, pourvues dès leur naissance de 4 pattes et de branchies externes.

ILLUSTRATIONS : JEAN CHEVALLIER

La bonne idée

L'amphibien se laissant approcher très facilement, observez-le avec une lampe peu puissante, en gardant une certaine distance pour ne pas le stresser. Évitez de l'éblouir et laissez-le tranquille après quelques instants. Prenez des repères en journée pour ne pas vous égarer la nuit.

Le défi

Distinguez la salamandre des tritons.

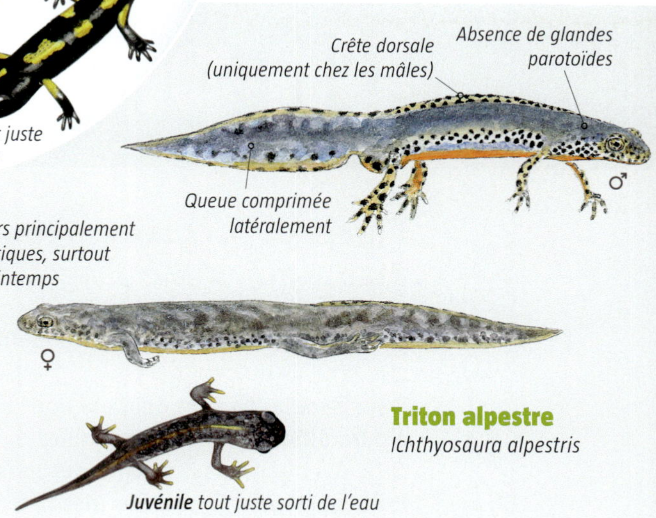

Aller plus loin

À la rencontre des amphibiens
De nombreuses astuces de naturalistes pour réussir vos sorties batraciens ! Cahier FCPN.
> bit.ly/3BBMcaJ

Miniguides n° 83 et n° 120
Apprenez à reconnaître les amphibiens et leurs larves grâce à nos deux miniguides.
> boutique.salamandre.org

Gros plan
Compilation de nos articles en ligne sur la salamandre tachetée.
> bit.ly/GrosPlanSalam

Un prodige à croquer

Figure de la cuisine populaire depuis des lustres, le pissenlit est une plante aux mille usages. On vous raconte des salades, mais pas que !

TEXTES ET DESSINS **LUCAS MICHELOT** PHOTOS **CATHY BERNOT** redaction@salamandre.org

Dans la dent-de-lion, tout est bon ! Ses racines ont été bouillies, poêlées ou moulues en succédané de café. Avec ses tiges creuses, des générations d'enfants ont confectionné des instruments de fortune. De ses boutons floraux, on a fait des gourmandises façon câpres, et ses fleurs ont été déclinées en d'innombrables confitures, sirops, vins ou liqueurs. Quant à ses feuilles, elles constituent sans doute la salade sauvage la plus répandue d'Europe.

Mais le pissenlit voit plus haut et ses graines lui permettent de s'élever depuis quelques années dans le milieu des hautes technologies. Qui n'a jamais soufflé sur ses jolies petites houppettes plumeuses ? Mais saviez-vous que des scientifiques font de même dans leur laboratoire ? Tunnel à vent, laser, machine à fumée, tout un arsenal d'expérimentations y est déployé afin de percer les secrets de vol de ces parachutes miniatures. Poids et forme de la graine, taille de la tige, nombre, longueur, implantation et angle des poils, rien de tout cela n'est dû au hasard. Grâce à cette merveille de bio-ingénierie, la plus petite brise passant au travers de cette voile vaporeuse génère un vortex qui tire la graine dans les airs tout en la stabilisant. Ainsi équipées, les précieuses semences peuvent effectuer des vols de plus de 100 km dans de bonnes conditions, et sans moteur s'il vous plaît ! Des performances qui pourraient inspirer la création d'engins volants miniaturisés autonomes.

Mais redescendons sur terre. En ce tout début de printemps, nos organismes réclament de la fraîcheur et des vitamines. Alors, partons en quête de quelques feuilles dentelées et régalons-nous d'une savoureuse salade ! ■

Pissenlit, dent-de-lion

Taraxacum officinale aggr.

Habitat
Presque tous les milieux ouverts et riches : prairies grasses, pâtures, jardins, chemins, lisières, talus...

Répartition
Partout, du bord de mer jusqu'à l'étage alpin.

Récolte
Février à avril, avant la floraison pour éviter trop d'amertume.

Parties utilisées
Feuilles.

Salade de pissenlit

INGRÉDIENTS (BIO SI POSSIBLE) & MATÉRIEL (POUR 4 PERS.)

- 4 poignées de jeunes feuilles de pissenlit cueillies avant la floraison, triées et lavées
- 1 salade de votre choix (laitue, scarole...), triée et lavée
- 2 grandes tranches de pain complet
- 2 gousses d'ail
- 4 œufs
- 100 g de cerneaux de noix
- 100 g de comté fruité ou de gruyère vieux
- huile de noix
- sauce soja (type tamari)

PRÉPARATION

1. **Faites griller le pain**, frottez l'ail sur les deux faces puis découpez-le en cubes.
2. **Coupez le fromage** en petits morceaux.
3. **Cassez un œuf** dans une louche, puis versez-le délicatement dans une casserole d'eau bouillante. Procédez de même avec les trois autres œufs. Laissez cuire 3 min avant de les sortir à l'aide d'une écumoire.
4. **Mélangez la salade**, les pissenlits, les croûtons, les noix et le fromage dans un saladier.
5. **Dans les assiettes**, ajoutez un œuf sur le dessus et assaisonnez à votre convenance avec l'huile de noix et la sauce soja.

Pour une cueillette respectueuse de la nature et de votre santé, pensez à suivre ces dix conseils :
> bit.ly/10-conseils-cueillette

Courrier désirable

Partagez vos moments nature, avis ou questions sur nos réseaux sociaux, par e-mail ou par courrier postal.

@revue.la.salamandre
@salamandre_officiel
courrier@salamandre.org

Nichoir détourné

L'un des nichoirs à mésanges que nous avons installés près de la maison a été la convoitise de frelons européens, qui l'ont même agrandi avec dextérité. Je tenais à témoigner qu'ils ne sont absolument pas agressifs ! Leur trajectoire de retour au nid était assez haute pour que nous ne soyons pas sur leur chemin.

Corinne Merlin, Prades (Haute-Loire)

Beaucoup d'entre vous ont témoigné sur nos voisins frelons à la fin de l'été, quand les colonies sont au top de leur forme. Merci ! C'est bien vrai, à bonne distance du nid, ces insectes sont tout à fait inoffensifs.

Allô les réseaux sociaux ?

etatssauvages 1 sem • ❤️
Nous sommes très fiers de vous avoir à nos côtés pour protéger le vivant de nos forêts.
Répondre
♡ 3

jennybernardj 1 sem • ❤️
Des magazines fournis qui informent de façon positive. À offrir absolument, quel que soit l'âge ❤️
Répondre
♡ 1

Charbon blanc

Ce visiteur régulier de mon jardin m'intrigue. J'ai d'abord pensé à un passereau exotique échappé. Mais à force de l'observer, je vois qu'il décortique les graines sur les branches voisines comme une mésange. Pourtant, son plumage ne correspond à aucune espèce...

Christian Gravier, Prix-lès-Mézières (Ardennes)

Bravo pour l'enquête ! C'est une mésange charbonnière probablement atteinte de décoloration progressive. Contrairement au leucisme, le *blanchiment* se développe au cours de la vie. À chaque mue, de nouvelles plumes sont dépourvues de mélanine. Ce qui laisse apparaître d'autres pigments, tels les caroténoïdes (jaune canari) ou du blanc.

Montgolfières inversées

Qui a construit un si bel abri dans un filaire à feuilles étroites *(> à gauche)* et dans un romarin *(> à droite)* ?

Anne Chéreau, Vailhauquès (Hérault)

Geneviève Barbe, Villebois (Ain)

Une argiope fasciée, magnifique araignée tigrée de jaune et de noir ! C'est en automne qu'elle tricote ces petits ballons bruns. Accrochés à la végétation, ils contiennent plusieurs centaines d'œufs isolés du gel. Au printemps, les jeunes se disperseront en volant suspendus à un fil de soie.

En savoir plus dans notre article : > bit.ly/ArgiopeTPI

Cockpit impudique

Voilà un magazine que je lis avec bonheur de la première à la dernière page : belle écriture, belles couleurs, grande variété de sujets traités avec compétence... On aimerait ne rien oublier de ce que l'on vient de lire. Fin novembre, je découpe à la tronçonneuse un épicéa que le vent vient de coucher... mais qui était mort depuis plus de vingt ans. À proximité de la souche, je trouve plusieurs champignons ressemblant à des morillons. Un peu tôt... En m'approchant, je découvre une dizaine de boules blanches enterrées, de 4 à 6 cm de diamètre. Des œufs de couleuvre ? Ah non. Pouvez-vous m'aider à y voir clair ?

Vincent Franquet, Coings (Indre)

Merci beaucoup ! Vous avez déterré toute l'histoire rocambolesque d'un champignon, le satyre puant.

1 Le cordon de mycélium donne naissance à un œuf dans le sol, qui a valu à cette espèce le surnom d'*œuf du diable*.

2 Celui-ci émerge au ras du sol et se déchire, laissant apparaître un noyau gélatineux et solide.

3 Lentement, un jeune champignon sort de sa *coquille*. Sa forme évocatrice a inspiré Linné pour attribuer au champignon son nom officiel : *Phallus impudicus*, le phallus impudique. Son chapeau est couvert d'une couche visqueuse couleur olive, la gléba, partie fertile qui porte les spores. Elle dégage une odeur putride de cadavre qui attire les mouches. S'agglutinant sur la gléba, elles la dévorent en un rien de temps.

4 Les spores restent intactes durant la digestion des insectes et sont disséminées par leurs crottes. Le champignon alors dévêtu n'est plus qu'un *squelette* blanc alvéolé, à l'origine d'un autre qualificatif : fausse morille.

N'est-ce pas merveilleux ?

salamandre TV

Le film du mois

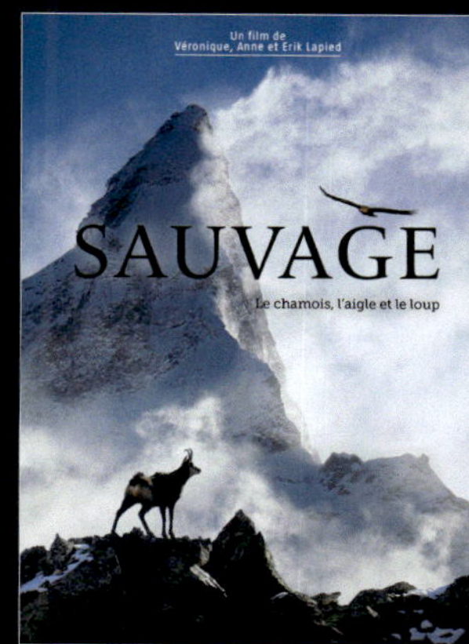

DÈS LE 04 MARS

Sauvage

Plus qu'une leçon d'histoire naturelle, ce film est une ode à la nature. Entre adrénaline et poésie, il nous offre le privilège rare de côtoyer au plus près chamois, aigles, loups et êtres vivants qui partagent leur territoire. En équilibre sur le fil de la vie, les animaux se croisent, chassent, redoublent d'ingéniosité et écoutent leur instinct pour relever le plus grand des défis : vivre.

Un film de Véronique, Anne et Erik Lapied

Autres nouveautés

DÈS LE 18 FÉVRIER

Mia et le Migou

Mia est une fillette d'à peine 10 ans. Alertée par un pressentiment, elle décide de quitter son village natal. Mia doit alors franchir une forêt énigmatique...

Un film de Jacques-Rémy Girerd

DÈS LE 25 FÉVRIER

La Vie rousse

De mes racines à ma cime, arbre, j'accueille mes habitants. Là, au cœur de mes ramages dénudés, s'y cache mon fidèle compagnon : l'écureuil roux.

Un film de Romane Firecka

DÈS LE 11 MARS

Les Petites Bêtes du jardin

De l'abeille au triton, de la mésange au papillon, un jardin vivant est l'occasion de vivre chez soi des safaris surprenants. Découverte d'un jardin réaménagé en refuge pour la biodiversité.

Un film de Sylvain Lefebvre

> à visionner sur **salamandre.TV**

Boutique Salamandre

Le comportement des oiseaux d'Europe

Cet ouvrage unique de 576 pages passionnera tous les amoureux des oiseaux. Il présente les techniques de vol, les stratégies de chasse, les parades nuptiales et autres comportements de 427 espèces pour aller au-delà de l'identification et entrer dans leur intimité. Magnifiquement illustré avec plus de 1800 dessins, c'est un complément indispensable aux guides de détermination.

- Auteurs : Armando Gariboldi (textes) et Andrea Ambrogio (dessins)
- Format : 21,5 x 27,5 cm, 576 pages
- Un livre Salamandre

Prix TTC : **49 €**

Les bêtes qui volent... avec ou sans plumes

Toutes les bêtes qui volent fascinent particulièrement parce qu'elles échappent aux lois de la gravité et peuplent nos rêves d'enfants. Cinquante questions et réponses sur ces incroyables créatures des airs.

- Auteurs : David Melbeck (textes), Jampur Fraize (dessins)
- Format : 14 x 18 cm, 104 pages
- Un livre Salamandre

Prix TTC : **14,90 €**

Les oiseaux

Collection Le guide nature

Revue et augmentée de 28 pages, cette seconde édition réunit une riche sélection d'espèces qui nichent ou passent près de chez nous, ainsi que de nombreux traces et indices. Plus de 1000 illustrations vivantes et des textes précis pour parcourir le fabuleux monde des oiseaux.

- Ouvrage collectif coordonné par Alessandro Staehli et Franck Bas
- Format : 14 x 18,5 cm, 228 pages
- Un livre Salamandre

Prix TTC : **19,90 €**

En balade

Collection Tous dehors !

Démasquez la fausse fraise, jouez aux fléchettes bardane, créez un conte nature... Voici de nombreuses activités pour chaque âge à pratiquer durant vos promenades.

- Auteur·es : Patrick et Manon Luneau
- Format : 17 x 26 cm, 144 pages
- Un livre Salamandre

Prix TTC : **19 €**

Photos non contractuelles. Dans la limite des stocks disponibles.